LES GUIDES CREATIFS

M. A. De Poi

COMMENT REALISER DES SCULPTURES

en bois, en pierre, en marbre,
en métal

ÉDITIONS DE VECCHI S.A.
20, rue de la Trémoille
75008 PARIS

Malgré l'attention portée à la rédaction de cet ouvrage, l'auteur ou son éditeur ne peuvent assumer une quelconque responsabilité du fait des informations proposées (formules, recettes, techniques, etc.) dans le texte.
Il est conseillé, selon les problèmes spécifiques – et souvent uniques – de chaque lecteur, de prendre l'avis de personnes qualifiées pour obtenir les renseignements les plus complets, les plus précis et les plus actuels possible.

Les photos de l'intérieur et les dessins ont été fournis par l'auteur

Traduction de Cécile Breffort

Imprimé en Italie

La nuit, que tu vois si paisiblement assoupie,
fut sculptée par un Ange dans ce rocher ;
et de son sommeil, elle prend vie.
Réveille-la, si tu ne le crois pas, et elle te parlera.

ANONYME

Je souhaite remercier les amis, les artisans et tous ceux qui, avec passion et disponibilité, m'ont aidé à achever cet ouvrage en m'apportant surtout leur concours pour rassembler le matériel iconographique.

J'adresse un remerciement spécifique à T. Colombo, menuisier, qui collabore avec moi depuis des années, à L. Pensa et à sa fonderie Artistica, aux précieux conseils de L. Rovelli, vernisseur chevronné, à G. Locatelli et J. Colatriano, pour leur participation aux dessins.

Mais mes pensées les plus reconnaissantes vont à mes premiers maîtres : à mon père Vittorio, dont l'atelier d'orfèvre où je reviens souvent a littéralement abrité mes premiers pas, et au très cher et inégalé don Marco Melzi, de l'école Beato Angelico, que sa grande humilité pousse à déclarer que le meilleur professeur est celui dont on se passe le plus vite.

Dommage qu'il ait encore tellement de choses à m'apprendre !

Introduction

Qu'est-ce que la sculpture ?
La définir n'est pas facile. Il est bon cependant d'analyser chacune de ses composantes, des composantes qu'elle partage d'ailleurs avec la grammaire visuelle.
La **masse** renvoie au concept de **volume** ; ces deux éléments ont fréquemment fini par incarner la sculpture elle-même, avec l'importance attribuée aux dimensions et aux matériaux classiques tels que le marbre ou le bronze. Mais c'est de la rencontre et de l'interaction entre la masse et l'**espace** que naît justement l'une des caractéristiques spécifiques de la sculpture, voire la sculpture en soi. L'espace correspond à la quantité d'« air », de vide autour de la forme, ou bien à l'intérieur dans le cas de creux ou de trous. (Impossible de l'imaginer comme quelque chose d'accessoire).
La **surface**, avec sa structure, les traitements, les finitions, le « grain », contribue à déterminer la vibration de la lumière sur la matière, d'où l'effet tridimensionnel. La finition de surface est généralement intimement liée au type de matériau utilisé : le bronze bien poli et réfléchissant, la pierre rugueuse ou parfaitement lisse, le bois et sa veinure mise en relief.
La **couleur** intervient de nos jours rarement dans les finitions : on préfère laisser leur aspect naturel aux matériaux. Mais il n'en a pas toujours été ainsi. Dans l'Antiquité, les superbes statues de la Grèce classique de même que les architectures étaient vivement colorées.
Le **mouvement** est implicite dans le travail des artistes. Presque chaque époque a exprimé de fortes tensions dynamiques, non seulement en représentant le sujet en action, stoppé à l'instant précis de l'accomplissement du geste, mais aussi en faisant jouer la lumière sur les surfaces ou en utilisant la sinuosité des lignes. Il existe par ailleurs un type spécifique de sculpture contemporaine dite « cinétique », qui se déplace littéralement dans l'espace, mue par le vent ou par des moteurs adéquats.
La **ligne** n'est pas uniquement propre au dessin : en sculpture, elle fait office de contour, à savoir de séparation entre la matière et l'espace, dans les tensions qui envahissent la structure de l'œuvre, dans les relations entre chacune des parties.
En sculpture, bien avant d'aborder le thème, le sujet d'un travail, il faut acquérir les notions techniques fondamentales et le matériel minimum permettant d'affronter la matière. Ne négligez pas pour autant, à titre de discipline intellectuelle, de vous reporter souvent à ce qui s'est passé, à ce qui se passe ou à ce qui se passera dans le domaine de l'expression artistique pour bénéficier des nombreuses références, en apprenant à « voir » et n'oubliant jamais que chacun de nous ne « voit » que ce qu'il sait et connaît.
La sculpture est un art difficile et laborieux, beaucoup plus avare de résultats à

M. A. De Poi
Oiseau *(1985)*

court terme que le dessin ou la peinture, mais par la même occasion riche en satisfactions intimes et profondes.
Je voudrais également aborder la question des genres : « abstrait » ou « figuratif », « organique » ou « minimaliste » ?
L'approche sera indifféremment de nature figurative, abstraite ou bien privilégiera la composition d'éléments disparates issus d'un même matériau ou de matériaux divers (le fameux « assemblage ») ; cela revêt indubitablement assez peu d'importance au niveau créatif quand on admet le principe selon lequel tous les genres d'expression sont aussi dignes et autonomes les uns que les autres. Tout dépend de la personnalité et des goûts de l'« artiste ».
Venons-en pour finir à la vieille polémique entre l'œuvre « sculptée » et l'œuvre « modelée ».
La méthode de la « taille irréversible » doit-elle seule être considérée comme le blason du véritable « artiste sculpteur » ?
Bien entendu, sculpter un matériau est objectivement plus difficile et compliqué que modeler une substance plastique : il faut agencer précisément les différents plans et en atteindre la profondeur sans se tromper, dans la mesure où ce qui a été enlevé ne peut plus être rajouté.
Le modelage, en revanche, permet d'ajouter ou de retirer de la matière à tout moment, en garantissant ainsi une grande liberté et une formidable fraîcheur d'exécution. Nous traiterons indifféremment d'une méthode ou d'une autre au fil de ces pages, puisque toutes les techniques s'avèrent finalement valables à condition de les connaître à fond et de les employer à bon escient, en pensant que si la sculpture équivaut à une forme dans l'espace, personne n'a cependant jamais réussi à établir de manière univoque comment et de quoi elle devait être faite pour bénéficier d'une telle appellation !

La tridimensionnalité

La sculpture, autour de laquelle il convient de tourner pour en saisir tous les aspects, est depuis toujours proposée comme une image statique, frontale et quoi qu'il en soit inévitablement privée de l'une de ses dimensions : il suffit de penser aux photographies dans nos ouvrage d'histoire de l'art qui se limitent à une ou deux prises de vue par œuvre. N'oublions pas aussi que même le temps indispensable à la découverte d'une forme constitue l'une de ses composantes essentielles et représente à la limite sa quatrième dimension.
Tout en étant donc continuellement plongés dans une réalité spatiale à trois dimensions, nous éprouvons encore tous de grosses difficultés à représenter la troisième .
Notre objectif est donc de trouver le système permettant de tirer notre perception volumétrique de son sommeil.
Le dessin peut certainement être d'une grande aide, à condition d'accepter dès le départ le fait de pouvoir jouer sur deux dimensions seulement. Mais tous les sculpteurs de tous les temps ont toujours exécuté une foule de dessins, bon nombre de ces derniers donnant même aujourd'hui une idée partielle de travaux désormais disparus ou jamais réalisés.

Le rendu graphique de la tridimensionnalité

Nous commencerons par la vieille règle dite de la « main droite ».
Le poing fermé, tendez le pouce droit de manière qu'il forme un angle de 90° avec l'index, et pointez le majeur vers vous. Vous simulerez ainsi la rencontre des trois **axes cartésiens x, y, z** correspondant res-

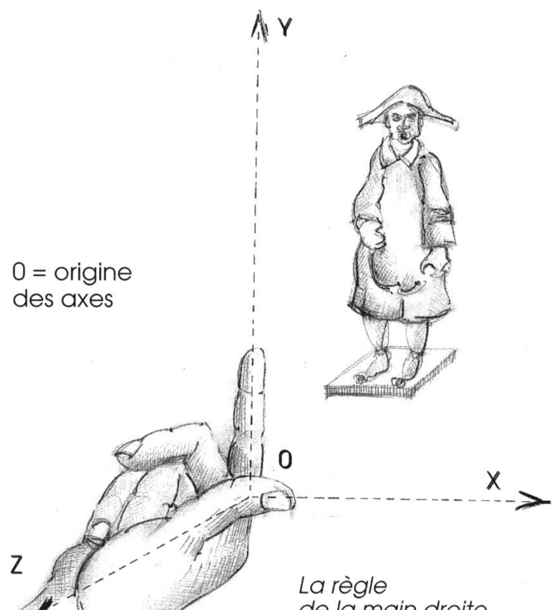

La règle de la main droite

pectivement au pouce, à l'index et au majeur, mais vous disposerez surtout d'un outil très efficace pour mesurer la largeur, la hauteur et la profondeur de tout ce qui viendra se placer à l'intérieur de ce système de référence. Aucune limite de taille n'étant fixée aux objets, vous devrez bien entendu prendre l'habitude de prolonger mentalement vos axes et les plans ainsi définis sur des mètres et des mètres, voire à l'infini, vos doigts faisant tout bonnement office d'origine.
Essayez maintenant d'intégrer une petite sculpture, comme par exemple le bronze « Shakespeare », dans cette structure et vous réaliserez que chacune de ses dimensions peut être mesurée et reportée sur une feuille moyennant la simple projection perpendiculaire du contour jusqu'aux axes. Dans la pratique, et suivant les principes de la *géométrie descriptive*, vous obtiendrez ainsi des représentations universellement connues sous le nom de *projections orthogonales*. Cette méthode permet de mesurer n'importe quel corps, de le dessiner sur du papier en utilisant les échelles appropriées, et d'en effectuer la description volumétrique grâce à six

M. A. De Poi
Shakespeare *(1982)*
Bronze
Collection privée

Projections des vues orthogonales (celles du dessus et du dessous, moins significatives, ont été supprimées)

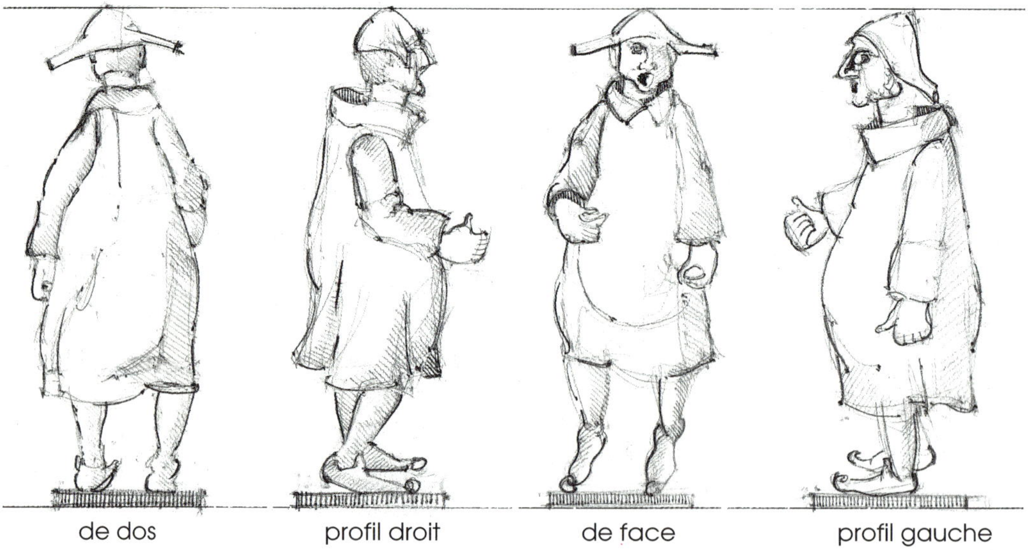

points de vue. Tentons à présent une autre expérience. Insérez, ou imaginez que vous introduisez votre petit bronze dans un cube ouvert, suffisamment grand et doté de parois en Plexiglas transparent, puis regardez-le de tous les côtés possibles. En raison de la déformation bien connue, dont

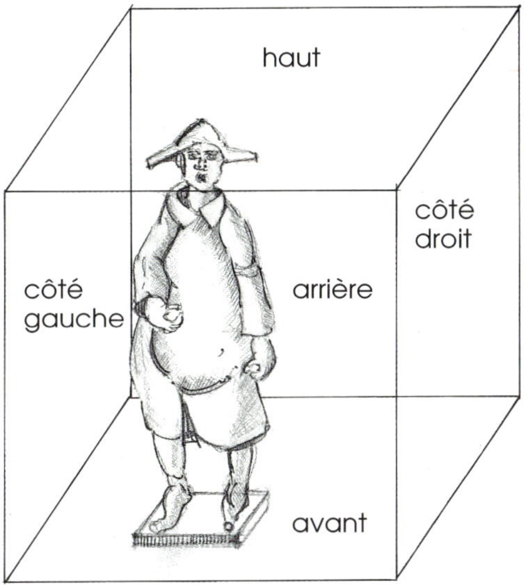

Cube transparent

nous avons déjà parlé, vous aurez néanmoins tendance à privilégier la vision frontale au détriment des autres ; mieux encore, vous établirez une hiérarchie dominée en gros par les visions frontales des six faces du cube : vue de face et de dos, vue latérale gauche et droite, vue du dessous et du dessus. Ce système, extrêmement analytique, constitue à mon avis un bon moyen d'aborder la spatialité. Il faudra que vous réalisiez au moins quatre ou cinq vues différentes de votre futur ouvrage en employant toutes les méthodes envisageables, des projections orthogonales aux esquisses axonométriques ou perspectives : vous devrez tourner effectivement autour de lui et reproduire ses diverses positions sur le papier.

Voici la plus belle illustration que je puisse donner de cette recherche de l'impression volumétrique : fermez les yeux et

M. A. De Poi
Shakespeare *(1982),*
vu de dos et de profil

imaginez que vous voyez la sculpture pivoter et se mouvoir comme dans un film au ralenti, en révélant chacun de ses aspects. Avoir la forme dans sa tête, tel est le secret ! À force de dessiner et après de premières timides tentatives, vous acquerrez de plus en plus d'assurance et vous vous mettrez tout naturellement à souligner la plastique des masses par une hachure ou bien des traits plus accentués qui vous aideront à cerner les ombres.
Essayez maintenant d'ajouter sur le côté une source de lumière, comme par exemple une ampoule placée à une certaine hauteur, et vous introduirez une autre composante essentielle de la grammaire visuelle : le clair-obscur, à savoir le passage plus ou moins progressif de la clarté à l'obscurité la plus profonde.
Bien que nous soyons en train de parler de notions intuitives et faisant déjà largement

Ci-contre : M. A. De Poi
Étude pour une sculpture (1995)

M. A. De Poi
Étude pour la fonte de la figurine Prométhée *(1995)*
(voir page 87)

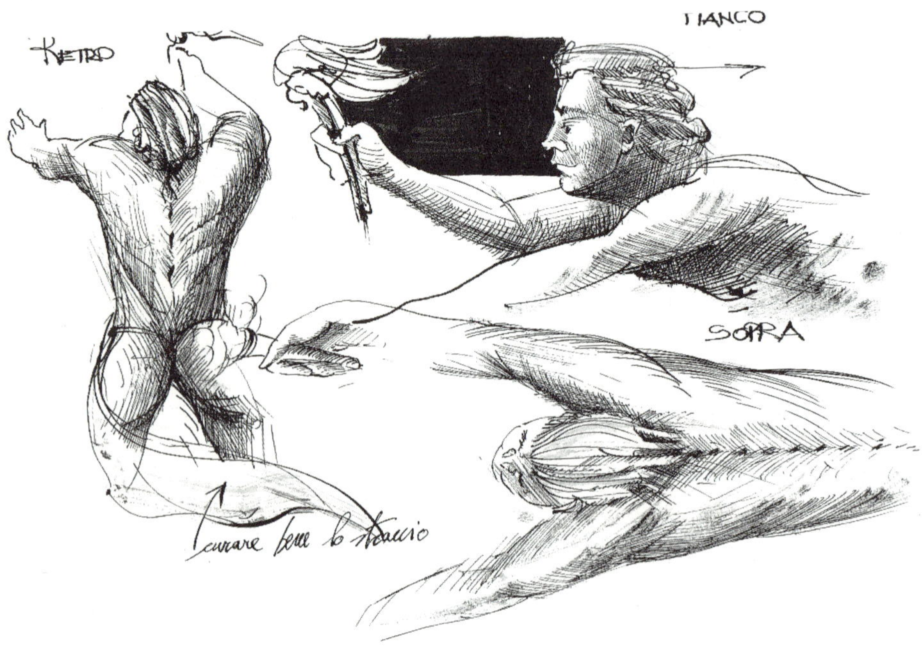

partie du bagage de quiconque souhaite aborder l'univers fascinant de la tridimensionnalité, un bref développement sur le thème de la **lumière** facilitera néanmoins considérablement votre travail. Cela vaut la peine d'effectuer une série d'essais, en observant attentivement les changements qui se produisent à la surface de l'objet. Masquez la source lumineuse avec du papier calque ordinaire, un bas en Nylon, un tissu à trame large du type tarlatane ou bien avec des morceaux de verre travaillé ou coloré. Disposez la lumière au ras du sujet ou prenez plusieurs lampes pour avoir davantage d'ombres ou pour les annuler. Il n'existe en somme aucune limite

M. A. De Poi
Shakespeare *(1982) à contre-jour. On distingue essentiellement une ligne, un contour ; en bas, à gauche : le même sujet caractérisé par un fort clair-obscur et, à droite, plongé dans une chaude tonalité orangée*

aux possibilités de variation, sans compter par ailleurs les combinaisons entre la lumière naturelle et artificielle.

Le rendu plastique de la tridimensionnalité

Ce titre relève de la tautologie, car qui dit plastique dit tridimensionnel, et inversement. C'est le signal que nous allons enfin entrer dans le vif du sujet. L'approche par le dessin a représenté l'ultime contact avec l'univers, incomplet mais rassurant, à deux dimensions. Nous passerons dès maintenant aux objets solides. Il convient d'effectuer tout de suite plusieurs distinctions fondamentales.

Le *bas-relief* constitue la première phase de transition vers la dimension volumétrique. La longueur et la largeur continuent en effet d'y figurer, la profondeur n'est pas très importante et sensible, et le dessin domine, preuve de son origine bidimensionnelle. En réaliser un ne pose pas de problèmes spécifiques. On part d'une tablette d'argile mesurant quelques centimètres d'épaisseur et on ajoute de la matière que l'on façonne en la creusant à l'aide de mirettes et d'ébauchoirs ou bien directement avec les mains : il s'agit de la méthode dite du *modelage*.

La technique de la *sculpture* qui consiste à « tailler », sans repentir possible, un matériau plus ou moins dur est en revanche un peu plus difficile.

Quand le relief devient par contre si prononcé que certaines parties frisent la ronde bosse, on a affaire à un *haut-relief.*

Ni le bas ni le haut-relief n'offrent la possibilité de tourner autour de l'ouvrage car la face postérieure sert toujours de support ou bien s'applique sur le mur. Seule la forme sculptée ou modelée *en ronde bosse* permet d'obtenir une mise en place complète des volumes dans un cadre spatial, qu'il s'agisse de vides ou de pleins, de

M. A. De Poi
Homo Faber *(1992)*
Terre cuite
Ce bas-relief devient un haut-relief avec la main qui tient le marteau

L. Minguzzi
Saint Charles donne l'Eucharistie aux pestiférés *(1965)*
Haut-relief en bronze de la porte droite du Dôme de Milan

I. Mitoraij
Sculpture en bronze à Milan.
À droite, la même sculpture vue de côté.
Il ne s'agit pas d'une tridimensionnalité complète puisque l'œuvre a été réalisée avec une plaque profilée

creux ou de saillies, et que le sujet soit figuratif, abstrait, informel, matériel ou autre. Paul Cézanne (1839-1906), le grand maître qui ouvrit la voie aux avant-gardes du XXe siècle, estimait que toutes les formes de la nature étaient susceptibles de se réduire, par le biais de simplifications successives, à un cube, un cône, un cylindre, une pyramide ou une sphère. Il s'agit d'un excellent point de départ : en décomposant des figures complexes en de plus simples sous-modules, on accélère et on rend n'importe quel procédé artistique ou artisanal beaucoup plus sûr et pratique.

On peut créer la tridimensionnalité avec un banal fil de fer tordu, en suscitant néanmoins une contradiction apparente. Le fil, assimilable au concept de la ligne, est un élément à deux dimensions et à l'épaisseur considérée comme négligeable. Pourtant, à peine est-il plié qu'il s'empare de l'espace. Cette méthode, très facile et agréable, est en outre extrêmement économique puisqu'elle ne requiert qu'une pince pour seul outil de travail. Les illustrations donnent une idée de la grâce aérienne obtenue avec un minimum d'entraînement. Le système des *courbes de niveau*, comme je l'appelle, revêt beaucoup d'intérêt et permet de confectionner des corps solides moyennant un mécanisme inhabituel à base de figures planes.

En effet, si le modelage et la sculpture consistent respectivement à ajouter et à retrancher de la matière, il s'agit dans ce cas d'analyser tout d'abord l'objet, de le décomposer selon le profil de ses lignes de force pour pouvoir ensuite en recueillir une série de coupes superposées comparables, justement, aux courbes de niveau des terrains. Je dirais que l'on effectue alors un travail de type analogique. Pensez un instant à la différence qui existe

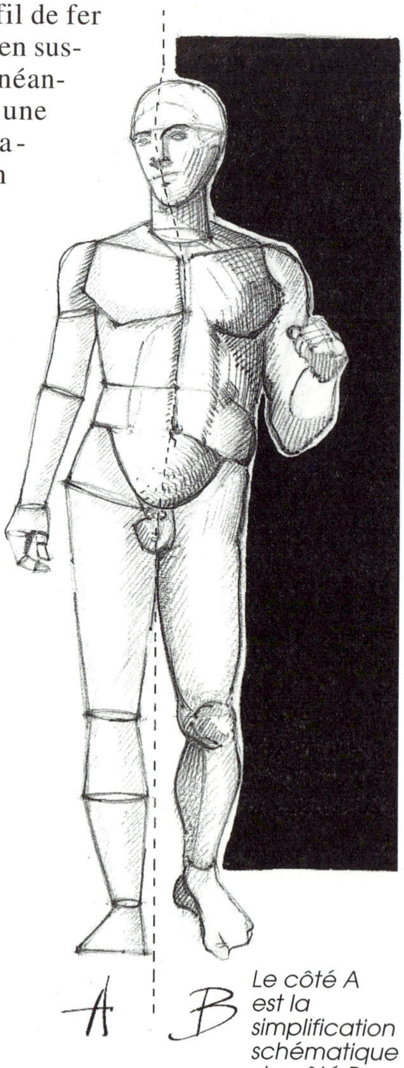

Le côté A est la simplification schématique du côté B

A. Calder
Autoportrait avec son épouse
Fil de fer
Exposition rétrospective de Turin, 1983

A. Rocco
Poisson *(1995)*
Fil de fer

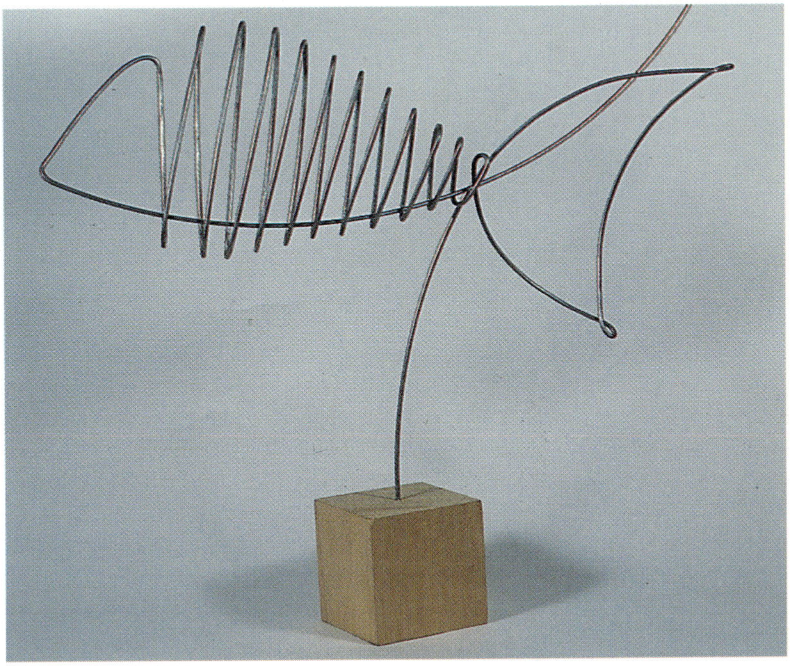

entre une pirogue creusée dans un immense tronc d'une seule pièce et un bateau à la coque cintrée et bordée. Les deux flottent, mais ils sont fabriqués de façon radicalement différente ! J'ai voulu garder pour la fin le procédé de création de la tridimensionnalité le plus poétique et le plus élégant qui nécessite une simple feuille de papier coupée, pliée et renforcée à l'aide de petits morceaux de bois en guise de nervures.
Le modèle en papier, toujours extraordinairement facile à réaliser et très utile, prend vie en un instant sous les doigts.

A. Rocco
Formes en papier *(1995)*

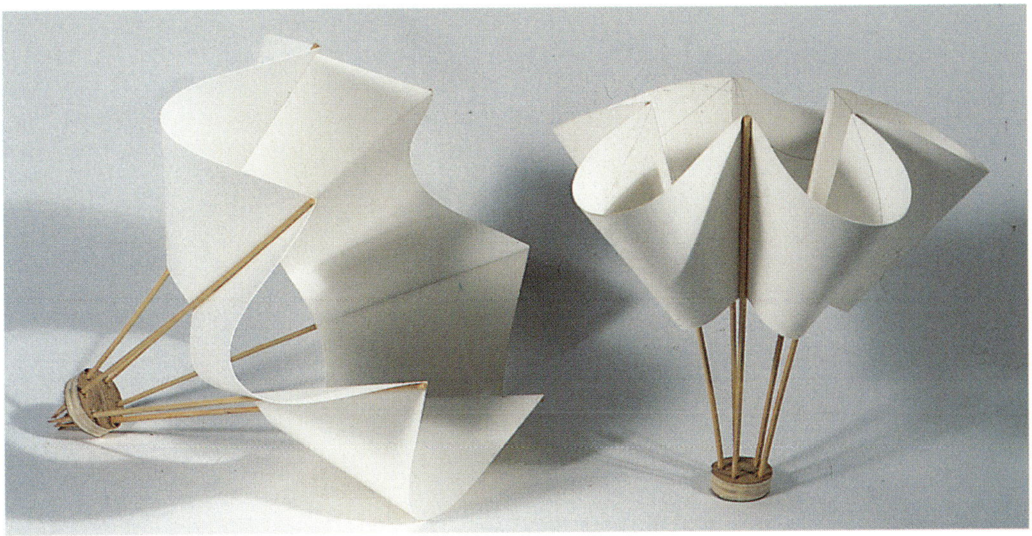

La création des modèles et le modelage

Le discours est plutôt confus, mais seulement au niveau de l'emploi des termes : *à qui* et *à quoi* le mot modèle renvoie-t-il ? Il existe trois interprétations différentes.

1. *Prendre pour modèle* quelque chose ou quelqu'un : un paysage, une nature morte, un nu ou un portrait. On reste ici dans le cadre de la figuration, même si le résultat final se montre éloigné de l'original.

2. *Parler de modèle réduit, de maquette, d'échantillon.* En sculpture comme dans d'autres activités artistiques (peinture, architecture, etc.), on a l'habitude de confectionner un modèle en réduction de l'ouvrage auquel on entend s'attaquer, et ce indépendamment du sujet, qu'il soit figuratif ou bien abstrait. Le modèle (l'échantillon, l'ébauche, le prototype) représente la naissance de la forme, mais ne constitue pas une règle impérative. La façon de travailler est un choix trop personnel pour être discuté. Malgré tous les conseils et les avertissements du monde, bon nombre de grands artistes préfèrent créer d'un seul jet ou *du premier coup*, à savoir directement sur la matière, sans recourir à des maquettes ou des essais préalables.

3. *Considérer l'objet modelé* comme le fruit d'une opération non seulement directe mais également autonome, qui ne nécessite donc aucun complément de réalisation à une autre échelle ou dans un autre matériau.

Don M. Melzi
École Beato Angelico
Ébauche en terre cuite pour le groupe en pierre de San Piergiuliano Eymard, 1995

Après avoir soigneusement accompli le côté graphique à l'aide de dessins,vous voici prêt à vous lancer. La première étape, évidente, du processus de création du modèle correspond au choix du matériau dans lequel on désire l'exécuter.
Cette décision repose sur deux autres facteurs essentiels :
a) la possibilité de modeler ou de sculpter, outre celle de procéder à des assemblages ou d'employer des matériaux composites ou de rebut, des étuis à cigares en fer-blanc, des boîtes de conserve, des pots et des bocaux en plastique ou en verre ;
b) les projets concernant le sort réservé à la maquette. Avez-vous l'intention de la couler en bronze, de l'exposer en tant que partie intégrante d'un travail de plus vaste envergure, de l'utiliser comme point de départ d'une série de variations sur le même thème ?
Il convient alors d'agir en conséquence et d'opter pour le bon compromis, sans oublier non plus la question des dimensions. Jusqu'à quel point va-t-on « réduire » le modèle ? La réponse est simple : chacune de ses parties, aussi sommaire et ébauchée soit-elle, devra refléter au maximum le

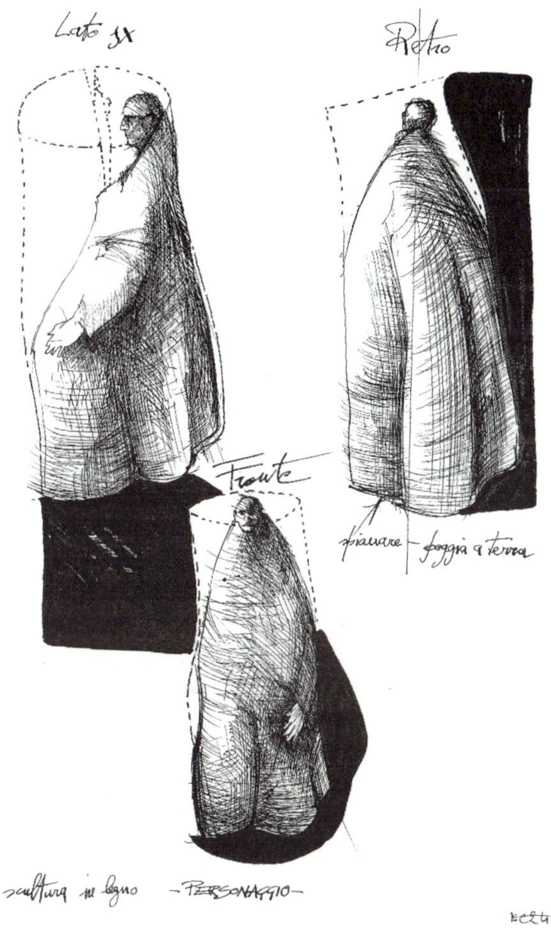

M. A. De Poi
Étude pour une sculpture en bois (1995)
(voir page 47)

M. A. De Poi
Cheval (1982)
Étude en terre cuite pour le Condottiere
(voir page 80)

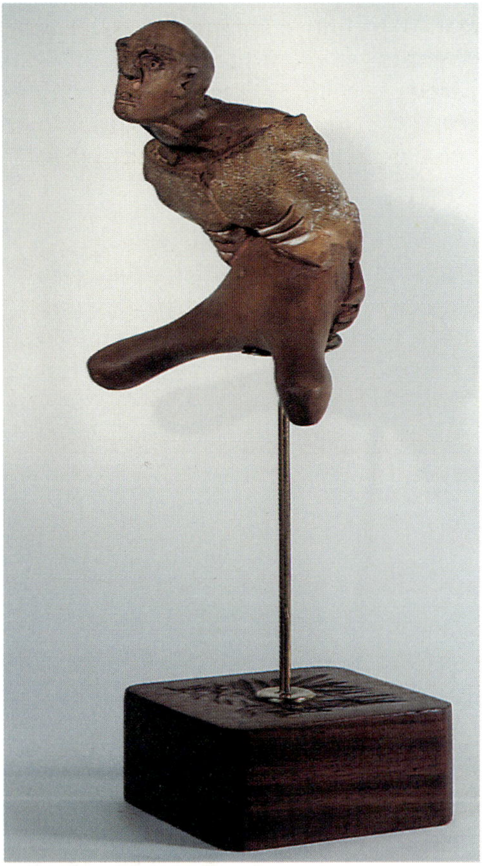

M. A. De Poi
Cavalier (1982)
Étude en terre cuite
Collection privée

projet global. S'agissant de la taille ou, mieux encore, de l'« échelle », sachez qu'il n'existe dans la pratique aucune limite : on peut très bien réaliser un modèle grandeur nature, revêtant les mêmes dimensions que la sculpture finale ; on a, néanmoins, affaire dans ce cas à quelque chose qui dépasse le simple échantillon et porte le nom de *prototype*. On travaille d'ordinaire à une échelle une fois et demie, deux, trois, dix voire vingt fois plus petite, et l'esquisse est rarement exécutée dans une matière « noble » comme le marbre ou le bronze pour être ensuite reproduite dans une autre taille. La logique du travail du sculpteur veut que l'on procède à un premier essai direct, immédiat, avec des matériaux simples capables de rendre l'idée sans opposer trop de résistance, et de laisser aux développements ultérieurs de l'œuvre la tâche d'en exposer tous les aspects formels, par le contenu ou la finition.

Il ne faut absolument pas sous-estimer le fait que l'argile, le plâtre ou les résines plastiques sont des matériaux permanents qui ne requièrent par conséquent aucun traitement supplémentaire tel que la fonte, par exemple, pour durer dans le temps. On peut donc parfaitement envisager de les utiliser pour créer des œuvres autonomes d'une plus vaste envergure qu'une simple maquette, en testant quelques finitions, en soignant davantage la réalisation et en poussant plus loin la recherche du détail.

Nous allons maintenant étudier plusieurs possibilités pratiques, en commençant par la fabrication d'un moule en plâtre.

On pourrait penser qu'un moule ne constitue pas un bon point de départ en raison de ses liens avec le concept de répétition ; mais cette opération peut s'avérer extrêmement utile au sculpteur, d'autant que, par ailleurs, certaines sculptures résultent de la répétition de modules ou de sous-modules. Prenez un grand récipient parfaitement propre : les seaux de peinture à l'eau de quinze à vingt litres en plastique vides conviennent très bien et ne coûtent rien. Il est important qu'ils soient en plastique, car en tapant dessus, on décolle aisément les particules de plâtre sec ou les fonds de peinture. Versez-y la quantité d'eau pure correspondant à vos besoins, disons quelques litres. Procurez-vous tout le matériel indispensable chez un fournisseur de matériaux de construction plutôt que chez un droguiste : vous serez ainsi obligé d'acheter le plâtre par sacs de quarante kilos, mais vous ferez en contrepartie d'énormes économies. Jetez le *plâtre à mouler* en pluie, en le laissant retomber dans le fond et sans remuer. Quand vous noterez au bout d'un moment que l'eau n'est plus absorbée et qu'il se forme une

mince couche presque sèche à la surface, cela signifiera que le mélange est prêt. À cet instant seulement vous pourrez commencer à brasser le tout en y plongeant la main et en essayant d'éliminer les grumeaux éventuels, sans hésiter à rajouter, en cas de besoin, un peu d'eau ou de plâtre pour obtenir la fluidité requise. Cette composition reste malléable pendant une dizaine de minutes, après quoi elle se met à durcir, de sorte que si vous n'avez pas eu le temps de terminer les opérations prévues, vous devrez gâcher une nouvelle ration de plâtre. Les rajouts successifs ne posent aucun problème, à condition de conférer une certaine rugosité à la surface de contact sous-jacente pour garantir une meilleure adhérence et de toujours maintenir un degré d'humidité élevé. On peut également retarder la prise du plâtre en mélangeant un peu de colle, comme par exemple de la caséine en poudre ou bien une substance adhésive vinylique, qui a la propriété de renforcer le plâtre. Le châssis en bois se trouve déjà sur l'établi, avec l'objet à reproduire bien fixé au milieu : vous n'avez plus qu'à verser le plâtre tout autour, en tapant souvent sur le cadre et en le faisant vibrer sans cesse afin d'éviter la formation de bulles d'air, jusqu'à ce que vous arriviez au ras de l'objet. Vous obtiendrez ainsi une *empreinte*, ou *moule en creux*, dans laquelle, une fois que vous aurez retiré l'original en n'importe quel matériau suffisamment dur, vous pourrez verser selon un procédé analogue au plâtre, de la *barbotine*, de la cire, du ciment ou des résines plastiques qui, au terme de la phase de solidification et d'extraction, reproduiront fidèlement la pièce de départ.
Attention : cette méthode permet de réaliser des bas-reliefs à fond plat, mais pas des rondes-bosses. N'oubliez jamais d'enduire l'original et le moule, à chaque nouvelle intervention, avec des substances spécifiques qui les empêcheront d'adhérer et faciliteront la séparation finale : huile minérale, graisse ou gomme laque, tout dépend des dimensions et de la complexité du sujet initial. On trouve aussi dans le commerce des produits spécialement conçus à cet effet. Tentez également l'expérience avec une mixture composée de savon liquide et d'un peu de talc.

Application de l'agent de séparation à l'intérieur du moule avant le coulage

Faute de vous plier à cette règle, vous en serez malheureusement réduit à de maladroites tentatives d'éjection de l'épreuve qui risqueront de se solder par la rupture du moule lui-même.
Dans certains cas, l'achat de moules tout prêts évite d'avoir à préparer l'empreinte et accélère le processus. Il convient d'évoquer à ce propos le problème des *contre-dépouilles*.
Ce terme désigne les cavités du modèle qui présentent des renfoncements élargis par rapport à l'ouverture et qui s'opposent à l'extraction de l'original. Il s'agit d'une notion beaucoup plus facile à saisir par la pratique directe qu'à l'aide de descriptions

compliquées. On notera qu'avec son dynamisme plastique, la sculpture est rarement à l'abri de ce genre de difficultés.

On résout ce problème en réalisant des *moules à pièces*, c'est-à-dire composés de plusieurs pièces détachées qui suivent toutes les aspérités de la forme. Il s'agit d'un procédé traditionnellement utilisé pour la fonte des grandes statues de bronze, dont la complexité et la précision millimétrique constituent aujourd'hui l'apanage de quelques rares artisans fondeurs particulièrement habiles.

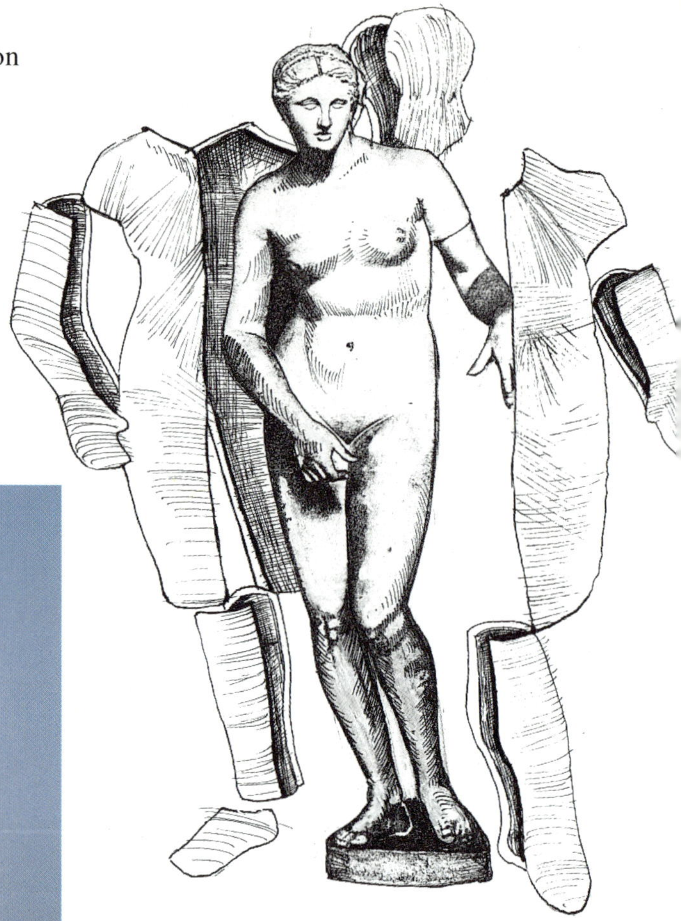

Moule à pièces en plâtre d'une statue
*Copie romaine de l'*Aphrodite de Cnide *de Praxitèle*
Rome, musées du Vatican

Moule à pièces simple comprenant seulement trois éléments

Après ces premières expériences et une fois familiarisé avec l'emploi du plâtre, vous pourrez vous lancer dans la fabrication de moules un peu plus compliqués à même de reproduire des compositions en ronde bosse. Prenez par exemple l'empreinte d'une tête afin d'obtenir plusieurs copies, notamment une en plâtre et une en cire, que vous enverrez à la fonte.

Commencez par installer l'original sur un support en le divisant en deux par le milieu à l'aide de bandes de pâte (terre ou plastiline), de manière à créer un véritable muret de séparation net, sans contre-dépouilles.

Soyez très méticuleux durant cette première phase car la réussite de votre travail dépend de la minutie dont vous ferez preuve. Enduisez ensuite la sculpture avec la substance antiadhésive habituelle. Préparez le plâtre et étalez-le ou projetez-le avec une spatule ou n'importe quel autre outil approprié, jusqu'à ce que vous obteniez une couche suffisamment épaisse. Au terme du durcissement, détachez délicatement la bande de terre et égalisez soigneusement les contours du moule avec un couteau. Vous avez déjà accompli la moitié du travail mais n'oubliez pas, avant de poursuivre, de faire quelques encoches en guise de points de repère pour que les deux parties du moule coïncident parfaitement.

Vous réaliserez alors la seconde coquille en répétant tout simplement les opérations décrites (sans le muret, néanmoins) et en badigeonnant le plan de joint avec de la gomme laque antiadhésive. Attendez ensuite que le plâtre sèche entièrement, la durée de ce processus dépendant des conditions ambiantes. Fiez-vous au son : cristallin et un peu métallique, ou bien au contraire sourd quand le degré d'humidité s'avère encore élevé. Évitez absolument toute exposition directe au soleil ou à des sources de chaleur, sous peine d'engendrer un phénomène de retrait trop brusque à l'origine de nombreuses fissures.

Le travail de préparation une fois terminé, vous pourrez entamer les opérations de coulage du plâtre ou de la cire à l'intérieur du moule. Je ne citerai pas ici les différents matériaux qui se prêtent techniquement à cette fin : essayez-en plusieurs, en choisissant ceux qui correspondent le mieux à vos besoins et à vos capacités. Il n'y a pas de précautions particulières à prendre durant cette phase à part, comme toujours, le badigeonnage avec l'agent de séparation.

Assemblez soigneusement les deux coquilles avec du fil de fer ou des élastiques destinés à éviter les ouvertures accidentelles. Il n'est pas nécessaire de trop serrer, mais il peut être utile de réduire le poids

Moulage d'une tête : réalisation de la première coquille

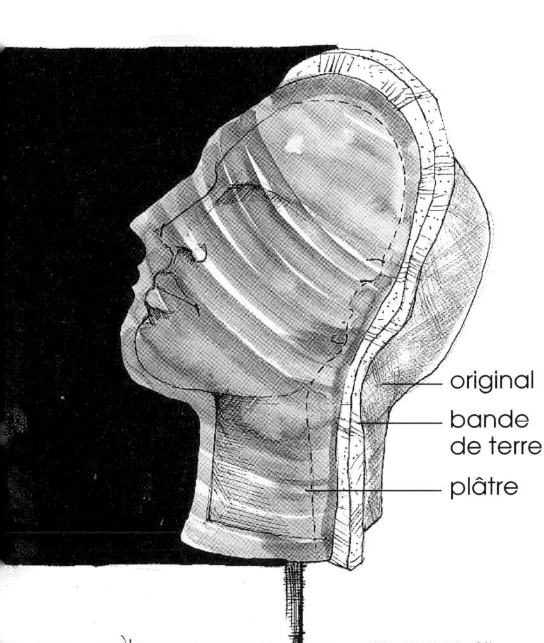

Moule complet

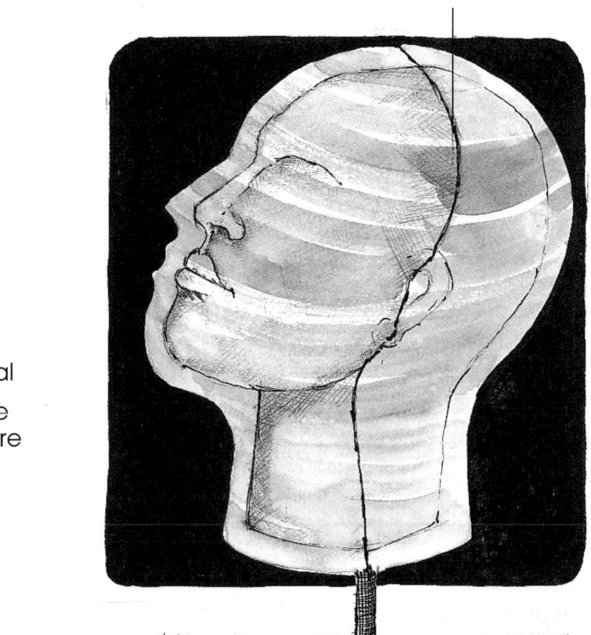

de l'épreuve : en faisant tourner le moule de façon à garantir une bonne répartition de la coulée, et après avoir atteint une épaisseur adéquate allant de quelques millimètres pour la cire à quelques centimètres dans le cas du plâtre ou du ciment, plus fragiles, il suffira de laisser s'échapper l'excédent de matière.
Vous franchirez une étape supplémentaire en observant que le plâtre, en dépit des limites imposées par son séchage plus ou moins rapide, constitue un bon matériau de modelage direct, sans l'aide de moules. Il convient avant tout de confectionner le « bâti » de la sculpture, en veillant à créer des volumes afin de diminuer la quantité de plâtre à utiliser. Cela revient en somme à fabriquer une armature, une âme, un « squelette » capable de soutenir l'ouvrage et sur lequel viendront ensuite se greffer la « masse musculaire » et la « chair ».
La robustesse de l'armature s'avère strictement proportionnelle aux dimensions de la sculpture et aux poids qui entrent par conséquent en jeu. Il s'agira, la plupart du temps, de travaux de petite et moyenne envergure pour lesquels une tige d'acier doux, de dix à douze millimètres de diamètre environ, et du fil de fer conviendront parfai-

Base d'un moule à pièces

G. Segal
Femme sur un banc
Sculpture par moulage en plâtre sur un modèle vivant
Martigny (Suisse)
fondation Gianadda

tement. Ces matériaux présentent l'avantage de se plier facilement, conservent la forme qui leur a été donnée et se fixent à l'aide de quelques points de soudure à l'arc électrique ou de vis autotaraudeuses quand on les a forés. Rien n'empêche de recourir à des objets de récupération comme des portemanteaux, des boîtes en ferblanc, des bouteilles en plastique, des morceaux de treillis métallique, de tôle fine, perforée, de métal déployé, etc. Mieux vaut cependant toujours protéger le fer avec un vernis du type oléosynthétique, pour éviter que des taches de rouille n'affleurent et ruinent l'ensemble du travail. Le bois est à proscrire, car en absorbant l'humidité du matériau de modelage il provoque des fissures et des déformations ; par ailleurs ces armatures ne peuvent pas se tordre ou se plier.

À mesure que l'on s'attaque à de plus grandes dimensions, on emploie plus volontiers des tubes à section ronde ou carrée et des rubans métalliques, éventuellement profilés en T, qui assurent des résistances exceptionnelles. Les blocs de polystyrène constituent également d'excellents supports pour de gros volumes, à condition de ne pas les mettre directement en contact avec des matières renfermant des solvants sous peine de les voir fondre.

Tous ces éléments resteront à l'intérieur de la forme pour en faire partie intégrante, ou bien seront enlevés une fois la sculpture achevée : le choix repose sur des facteurs purement esthétiques, et non pas techniques. Revenons un instant sur la préparation du plâtre. Après avoir ajouté un peu de colle, plongez dans le mélange ainsi obtenu des bandes de toile de trente à quarante centimètres maximum, des morceaux plus longs rendant la manipulation moins aisée. La toile bien imprégnée s'applique comme un bandage sur l'armature et confère de la robustesse au travail ; deux ou trois couches, éventuellement croisées, suffisent généralement pour créer la forme de base.

Il faut ensuite compléter le modèle en ajoutant du plâtre aux endroits voulus avec un outil quelconque. Si vous avez du mal à manier cette matière peu consistante, qui a tendance à couler et qu'il faut travailler rapidement, n'hésitez pas à utiliser du *chanvre* : il s'agit d'une fibre naturelle semblable à la paille qui, trempée dans l'amalgame, peut faire office de matériel de remplissage et possède davantage de qualités plastiques que les bandes de toile.

La dernière opération consiste à égaliser les surfaces à l'aide uniquement de plâtre, en nivelant minutieusement les saillies ou les creux indésirables et en veillant à ce que les divers rembourrages demeurent cachés sous la couche finale.

Quand la sculpture sera sèche, laissez libre cours à votre imagination pour tester une gamme de finitions allant du ponçage au papier de verre jusqu'à la gravure de détails à l'aide d'instruments tranchants, une série d'opérations facilitées par la tendreté de la matière.

Au cas où vous devriez restaurer un plâtre en morceaux, mettez simplement ces derniers dans l'eau et laissez-les tant qu'il s'en échappe de petites bulles caractéristiques, puis procédez au soudage avec du plâtre neuf en pressant bien les pièces à réunir et, au besoin, en les renforçant à l'intérieur avec de la toile ou du chanvre.

Plâtre à mouler et chanvre

Résine et catalyseur, tissu de verre et mat de verre

Les *résines plastiques chargées de fibres de verre* permettent également de façonner rapidement un produit à la fois léger et très solide qui rappelle par certains côtés le modelage du plâtre, même si l'on n'atteint jamais avec lui cette richesse de détails propre à l'argile ou à la cire.
Commencez par vous procurer de la fibre de verre (*mat* ou *tissu*), la *résine thixotropique* et le *catalyseur* correspondants. Vous trouverez le tout chez votre droguiste habituel. Passez ensuite à la construction de l'ossature, en sachant qu'elle pourra faire partie de l'ouvrage ou bien être supprimée. Pour préparer la résine, suivez la notice explicative établie par le fabricant mais, surtout en ce qui concerne l'adjonction du catalyseur, soyez prudent et effectuez plusieurs essais préalables : il arrive souvent que le mélange durcisse trop vite au beau milieu du travail. Rappelez-vous que ces substances, assez toxiques, doivent être manipulées dans des locaux bien ventilés ou, mieux encore, à l'air libre, en portant des gants de caoutchouc ainsi que toutes les protections d'usage. Vous disposez théoriquement d'une marge de manœuvre d'environ une demi-heure, mais ces produits chimiques s'avèrent un peu capricieux, et un changement de température suffit à modifier les délais de polymérisation. Appliquez directement le tissu de fibres de verre sur l'armature et imprégnez-le de résine avec une brosse plate, en croisant au fur et à mesure les couches. Bien qu'il existe des solvants spéciaux, prévoyez de jeter le pinceau, les gants et tout ce qui aura été en contact avec la résine, car une fois solidifiée il est presque impossible de l'éliminer, y compris sur les vêtements ! Découpez des bandes de tissu permettant de suivre facilement la forme et, au bout de deux ou trois épaisseurs, exactement comme pour le plâtre, passez à l'emploi du mat qui se caractérise par une plus grande plasticité et qui servira à bourrer et à niveler. À la fin du travail et au terme de la polymérisation, la surface se prête aux opérations de ponçage et de finition, mais les outils auront tendance à s'encrasser constamment.
Une variante de la méthode à peine décrite consiste à utiliser des bouts de chiffons de couleur tout à fait ordinaires à la place du tissu de verre : compte tenu de la transparence de la résine, la vive polychromie pourrait très bien créer un motif intéressant.
Nous allons maintenant aborder le modelage de l'argile, que vous achèterez si possible directement chez un potier par petits pains de dix à vingt kilos. Il s'agit d'une opération très facile et intuitive qui consiste à ajouter progressivement de la matière sur une ossature sous-jacente, le plus souvent en métal. Une sellette dotée d'un plateau tournant se révèle très utile car elle permet d'observer l'ouvrage sous tous les angles et d'apporter les corrections nécessaires. Au cours du travail, il est indispensable de maintenir l'argile humide en l'aspergeant de temps en temps à l'aide d'un banal vaporisateur à plantes. Prenez garde,

toutefois, à ne pas trop la mouiller sous peine de perdre des détails ou de faire ployer les parties les plus fragiles de la pièce. En cas d'arrêt, même bref, il convient de protéger cette dernière avec un linge humide qui ne reposera cepen-

Argile et outils de modelage : ébauchoirs, mirettes, râpe, lame d'acier et tournette

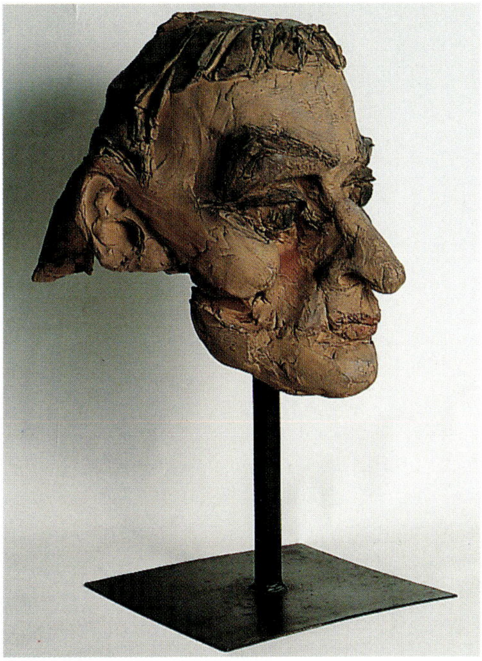

C. Venegoni
Marie-Madeleine *(1990)*
Terre cuite

dant pas directement sur sa surface mais sur des clous ou des cure-dents, afin de maintenir un écart de quelques centimètres. Quand on prévoit de ne pas pouvoir se consacrer au modelage avant un très long laps de temps, il faut envelopper l'ensemble dans un sac en plastique (polyéthylène) hermétiquement fermé à la base par un morceau de ruban adhésif.
Mis à part quelques mirettes et ébauchoirs en buis, à vous d'inventer, d'improviser les outils dont vous vous servirez pour modeler : vieilles cuillères en bois, râpes, burins hors d'usage, lames édentées et, surtout, vos mains.
Pendant le façonnage, assurez-vous que la terre glaise ne renferme aucune poche d'air ou particule étrangère (comme par exemple de petits morceaux de bois ou de plâtre), et efforcez-vous de toujours bien coller la nouvelle couche d'argile sur la précédente, en l'humidifiant et en la pétrissant longuement : il arrive fréquemment qu'une pièce mal amalgamée éclate

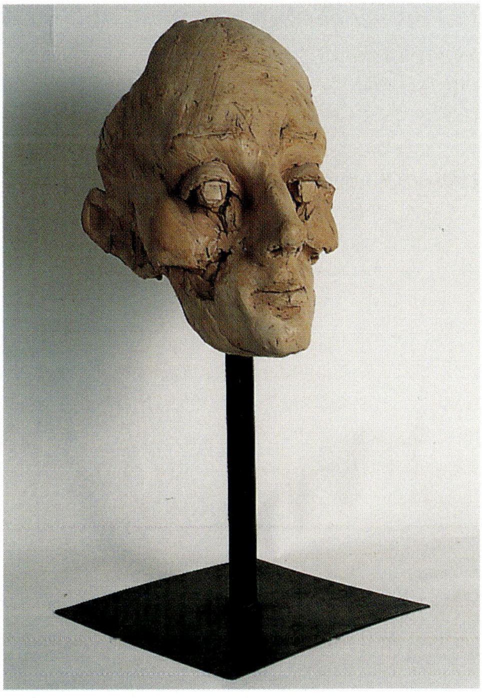

C. Venegoni
Autoportrait *(1989)*
Terre cuite patinée

durant la cuisson. L'assemblage de fines parties sur de plus grosses masses requiert par ailleurs une certaine attention. Lors du séchage, qui interviendra en toute logique plus vite aux endroits les plus minces, il se formera inévitablement des fissures ou des fractures. On remédie à cet inconvénient en utilisant de la barbotine et en mouillant les deux éléments à souder avant de les presser fortement l'un contre l'autre. En acquérant de l'expérience, vous réaliserez combien il est important, pour la réussite de l'exécution et de la cuisson, que la couche de matière revête une épaisseur la plus constante possible, en évitant les excès dans un sens ou dans l'autre. Pour obtenir ce résultat, on coupe la forme en deux à l'aide d'un fil d'acier très fin, en évidant l'intérieur et en uniformisant au maximum la surface.
L'argile devra déjà être suffisamment dure pour ne pas céder sous son propre poids. Pour réunir deux éléments, utilisez comme d'habitude de la barbotine, en soignant bien le joint afin de le rendre invisible.

Lorsque vous aurez terminé votre ouvrage, laissez-le tout simplement sécher à l'abri des sources de chaleur directes.
Dans le cas de grosses masses de matière, cela peut prendre des mois. Mieux vaut en tout état de cause se montrer patient et attendre le temps qu'il faut. Avant de confier une pièce au potier, j'ai personnellement l'habitude d'aplanir la base, de poncer, de reprendre ou de fignoler certaines parties volontairement négligées durant la phase précédente. Ceci car je préfère opérer sur un matériau qui ne soit pas trop malléable.
Le four, de quelque modèle ou taille que ce soit, doit arriver lentement à la température de cuisson avant de redescendre progressivement à la température ambiante, puis être ouvert et vidé. En résumé, chaque potier a ses méthodes et à chaque type de terre correspondent des températures spécifiques, mais, pour bien cuire une argile rouge ordinaire, il faut compter au moins douze heures pour atteindre une température d'environ 980 à 1 000 °C, et autant pour revenir à la température am-

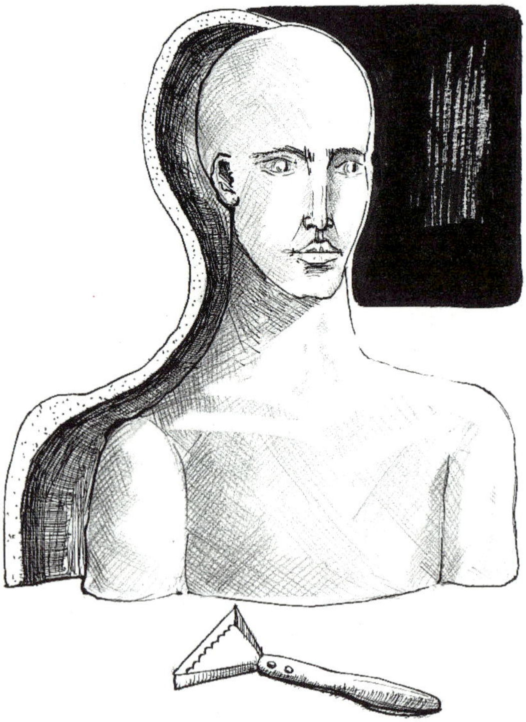

Dos d'une tête en terre cuite qui, comme on le voit, a été convenablement évidée

Évidement d'un demi-buste en terre glaise au moyen d'une grosse mirette

Four à céramique électrique. Noter la présence, dans le fond, du thermomètre relié au thermostat pour le réglage de la température

biante. En poussant jusqu'à 1 200 °C certaines terres spéciales, comme par exemple le *grès*, se vitrifient et deviennent donc imperméables. La hausse de température, lente et graduelle, élimine tout d'abord l'humidité résiduelle, puis la cuisson proprement dite commence, en permettant au matériau d'effectuer ses petits mouvements et ses retraits.

Essayez à ce propos de poncer l'argile, en vérifiant qu'elle repose parfaitement à plat : après la cuisson, vous constaterez qu'elle a bougé et qu'elle branle. Donnez, du moins au début, vos pièces à cuire à un potier, en misant sur l'expérience d'artisans confirmés. N'oubliez pas d'amener un ouvrage soigneusement préparé, creux et entièrement vide à l'intérieur : l'éventuel squelette en métal sera retiré en ouvrant le modèle à moitié. Si cette opération vous paraît risquée, prévoyez de laisser à l'avenir l'armature à l'extérieur, en l'employant comme une béquille à laquelle vous accrocherez votre sculpture.

Le seul matériau susceptible de demeurer dans la terre à cuire est le papier roulé en boule, très utile pour créer des cavités et qui brûle pendant la cuisson sans causer le moindre dommage.

Le *polystyrène* est un autre matériau donnant d'excellents résultats dans certaines

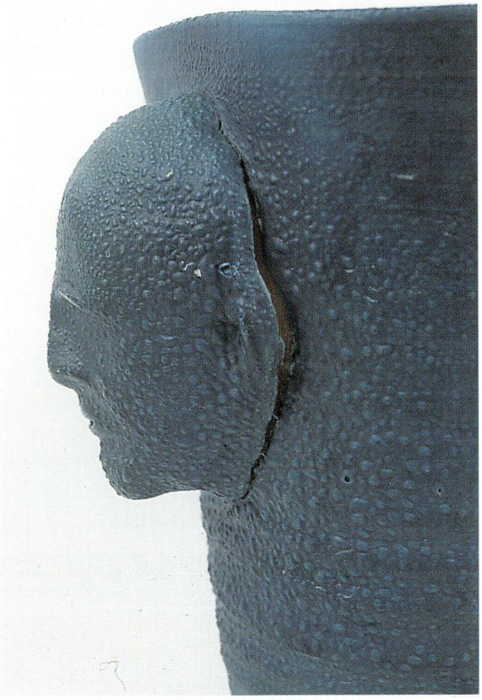

L'émail de cette terre cuite a été porté à une température excessive, comme le prouvent les bulles et la déformation du modelé

Armature avec potence externe réalisée à l'aide de tubes métalliques soudés
Pâris *d'Antonio Canova*
Munich, Neue Pinakothek

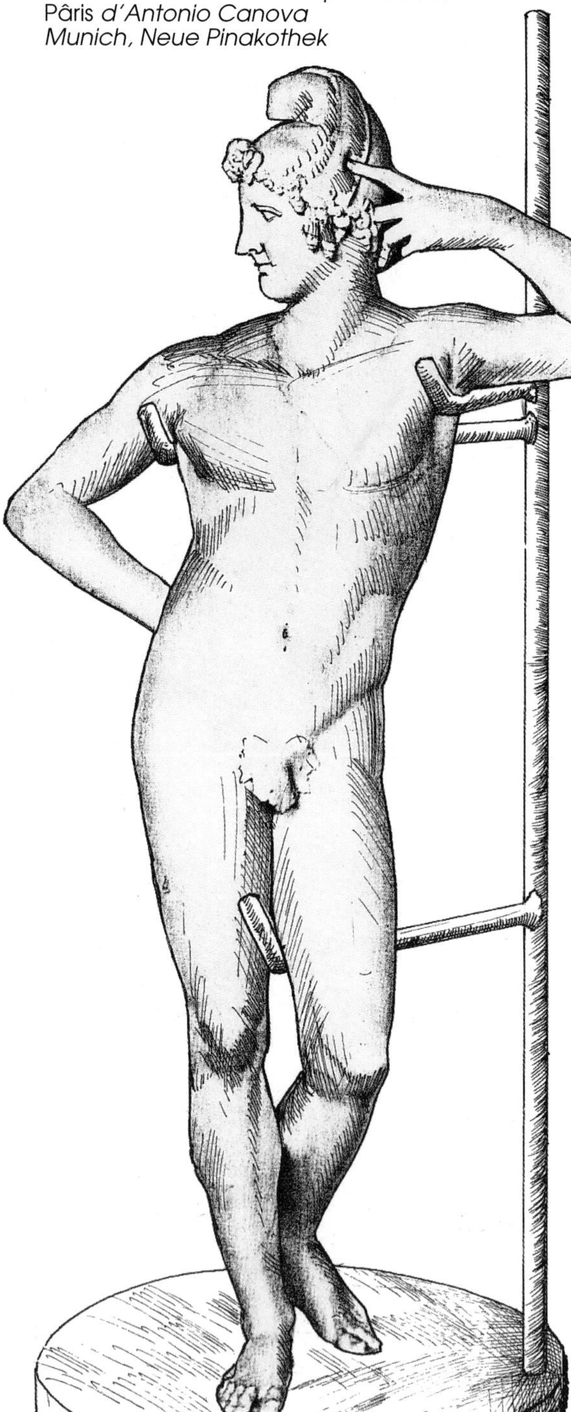

sculptures. Il s'agit d'une matière plastique de couleur blanche, à l'aspect compact, allégée par des gaz lors de sa fabrication et dont l'apparition sur le marché date déjà de plusieurs dizaines d'années. Elle appartient au groupe des résines synthétiques thermoplastiques, fond quand on la chauffe et se dissout au contact de certains solvants. Non toxique, le polystyrène est néanmoins inflammable et dégage de mauvaises odeurs lorsqu'on le travaille à chaud. Les cellules ouvertes qui le composent rendent sa structure excessivement friable, mais il en existe un type à cellules fermées, par conséquent plus consistant. Très léger, il convient parfaitement à la réalisation d'emballages et on le trouve sans problème, à un prix modique, sous la forme de feuilles et de plaques d'épaisseurs diverses ou de blocs. Le plastique expansé s'emploie pour des travaux de grandes dimensions, ou bien en guise d'âme légère dans des matériaux lourds. Il semble que l'on ait là le matériau idéal, d'autant que les outils nécessaires pour le travailler se résument à un cutter et à un filicoupeur, à savoir un appareil constitué d'un fil de nickel-chrome chauffé par une résistance électrique, qui permet de découper et de modeler sans aucune difficulté le polystyrène. Un fer à souder électrique ou des spatules passées à la flamme, une scie à bois ou un couteau de cuisine peuvent aussi être utiles. Il s'agit en somme d'un matériau vraiment facile. Le polystyrène expansé se colle uniquement avec des substances adhésives vinyliques, ou bien en glissant le fil chaud entre deux surfaces pressées l'une contre l'autre. En ce qui concerne la finition, seules des gouaches ou des couleurs acryliques peuvent être appliquées directement sur cette matière qui fond en revanche sous l'action de toutes les autres peintures à base oléosynthétique renfermant de l'essence de térébenthine ou des solvants. Pour pouvoir disposer d'une plus grande liberté

P. Poggi
Ballons siamois *(1995)*
Les balles de ping-pong, tout d'abord déformées par la chaleur, ont ensuite été collées ensemble. Un exemple des possibilités offertes par les matières plastiques

dans ce domaine, la meilleure solution consiste à recouvrir le polystyrène d'une fine couche de plâtre mêlé à de la colle vinylique qui accroît notamment la résistance du matériau, surtout dans les angles, les zones les plus critiques et les plus sujettes à s'effriter.

Venons-en pour finir au façonnage de la *cire à modeler*. Il s'agit d'un excellent matériau, doté d'une remarquable plasticité, qui permet d'exécuter de petits travaux très détaillés. Compte tenu, cependant, de sa tendance à sécher et à se briser facilement, on l'utilise pour obtenir immédiatement une épreuve en bronze ou en tout autre métal fusible. Et c'est précisément ce qui fait sa particularité : le métal à l'état liquide va se glisser exactement dans la place laissée libre par la cire fondue. Le

Matériel nécessaire pour travailler la cire à modeler : outre la cire, qui peut être plus ou moins dure, on utilise (de gauche à droite) des pointes du type de celles employées pour l'eau-forte, des ébauchoirs en buis, une petite mirette, des spatules métalliques de formes variées ainsi qu'un petit réchaud à alcool

travail, simple et direct, repose sur un petit nombre d'outils : quelques ébauchoirs et une ou deux spatules métalliques pour modeler à chaud. Ces dernières seront chauffées tout simplement à la flamme d'une bougie ou d'un petit réchaud à alcool. Une armature interne en fer ou autre ne s'impose pas, car le modèle revêt généralement de faibles dimensions et parce qu'il ne doit plus rien y avoir à l'intérieur lors de la phase suivante, à savoir celle de la fonte. Sans compter aussi que la cire a une bonne consistance et une certaine rigidité. La cire une fois préparée (voir à ce sujet les *Recettes* à la fin du livre), commencez par malaxer vigoureusement les plaques de manière à les rendre extrêmement malléables. Veillez à bien amalgamer au fur et à mesure chaque nouvelle couche de matière à la précédente, comme pour l'argile, mais sans ajouter quoi que ce soit : la cire se façonne à sec avec les mains ou les spatules chaudes. Au cas où elle serait trop dure, placez-la le temps nécessaire au-dessus d'une faible source de chaleur ou bien plongez-la dans l'eau tiède, en prenant soin de bien l'essuyer avant d'entamer le modelage. Vous pouvez également choisir de tailler un petit bloc plein à l'aide d'un *fer à souder électrique* spécial orfèvrerie, très pratique. Quand le travail est terminé, il est bon de retoucher la cire afin de limiter au maximum les opérations de finition à accomplir ensuite sur l'objet coulé. Les retouches s'effectuent tout simplement avec une lame, tandis que les irrégularités de surface s'éliminent en passant dessus un pinceau assez dur imbibé de solvant. On dissout ainsi la couche de cire superficielle en nivelant et en arrondissant par la même occasion les reliefs.

Façonnage de la cire à modeler à la main et, à droite, avec l'ébauchoir en buis

Le système des points de mesure

Les instruments de mesure

Après avoir parlé des modèles et du modelage, l'heure est maintenant venue d'apprendre à reporter des mesures et à tracer des points de repère permettant d'aborder la sculpture sur bois ou sur pierre en toute sécurité. Dans le cas d'objets à deux dimensions, le plus facile consiste sans aucun doute à utiliser une règle ordinaire. La tridimensionnalité complique un peu les choses, mais pas trop : il suffira en effet de mesurer la profondeur, en plus de la largeur et de la hauteur. Certains instruments, qui vous seront peut-être déjà familiers et dont l'emploi s'avère toujours facile et instinctif, apportent une aide considérable :

- l'*équerre* ;
- la *fausse équerre* ;
- le *calibre universel* ;
- un *marbre de contrôle* ;
- le *compas* qui mérite un léger développement car cet instrument de mesure, capable de reporter les distances entre des objets, ou bien entre un objet et un dessin, devrait être le plus employé, et parce qu'il en existe différentes sortes. Le plus commun est le *compas à pointes sèches*, ou *compas droit*, semblable en tout point aux vieux compas scolaires, mais sans le porte-mines : il sert à

La forme doit s'inscrire dans le bloc. Ceci permet de faire une grande économie de matériau et de travail Amazone de Phidias, Herculanum Naples, musée archéologique national

Instruments de mesure : sur le marbre de contrôle on distingue, au premier plan et en partant de la gauche, un rapporteur, un compas en bois et un autre en métal, un compas d'épaisseur ; dans le fond, toujours de gauche à droite : une fausse équerre, une équerre fixe et un trusquin

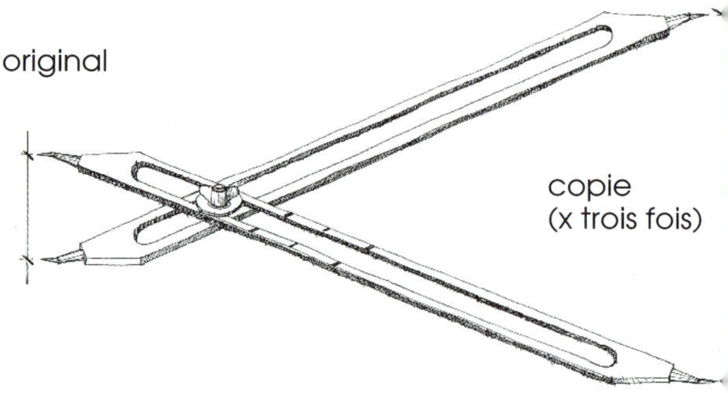

Compas de proportion

prendre des mesures sur des surfaces assez planes, que l'on convertit ensuite en centimètres à l'aide d'une règle millimétrée. Quand on veut relever la dimension d'un objet nettement tridimensionnel, il convient d'utiliser un compas sphérique, ou d'épaisseur, dont les branches recourbées vers l'intérieur facilitent l'opération. Le *maître-à-danser*, ou *compas d'épaisseur,* possède en revanche des branches tournées vers l'extérieur qui s'adaptent parfaitement aux parois des cavités ;

– le *micromètre* appartient lui aussi à la famille des compas. Désigné parfois sous le terme de *compas à vis* ou de *palmer*, il sert à mesurer de petites épaisseurs comme celles de tôles, de feuilles et de fils ;

– le *compas de proportion*, dont on trouve même une description dans les manuscrits de Léonard de Vinci, est tout à fait particulier. Il se compose de deux branches à coulisse de taille identique terminées à chaque extrémité par une pointe et qui s'articulent autour de l'habituel écrou à ailettes ; en positionnant ce dernier sur les crans prévus à cet effet, on agrandit ou on réduit automatiquement de deux, trois ou quatre fois, voire plus, sans avoir besoin de multiplier ou de diviser les mesures. Il suffit par conséquent d'avoir un modèle pour le reproduire aisément à l'échelle de son choix. Avec un peu de pratique, vous adopterez sans problème calibres et compas, en prenant des mesures et des relevés sur des blocs de matériaux les plus variés. Il s'avère toujours excessivement utile de tracer des lignes médianes, des diagonales et des points de repère comme les dimensions maximums et minimums ; employez pour cela un gros crayon de maçon ou un pastel, et évitez en revanche les feutres à alcool qui risqueraient de pénétrer dans la matière en la tachant. Une bonne esquisse préliminaire se transfère parfois directement sur la surface du bloc à sculpter, en partant de préférence d'une vue frontale, d'un plan ou d'une vue latérale.

Le dessin doit être réalisé à l'échelle réelle sur du papier calque, puis reporté en intercalant une feuille de papier carbone entre le croquis et la surface du matériau, ou bien en repassant les contours avec une mine de plomb sur l'envers du calque lui-même. On peut aussi découper un gabarit dans du carton léger et le positionner comme un patron avant de suivre minutieusement ses contours avec le crayon.

Vous serez alors aidé par le fait que la *silhouette* s'adaptera mieux à la forme que le papier calque. Il ne reste plus qu'à repasser directement le tracé sur le matériau afin de le rendre plus visible.

Les points de mesure

Le *trusquin* est un objet élémentaire constitué d'un socle rond et d'un montant vertical de vingt à cinquante centimètres de long sur lequel coulisse une bague réglable supportant une tige d'acier. Ce dispositif permet de vérifier les hauteurs sans en connaître la valeur. Sur un trusquin de précision, le montant est millimétré de manière à pouvoir relever les dimensions. L'important est que cet instrument illustre un peu le concept à la base du système des points de mesure. Voyons de quoi il s'agit.

Il arrive que l'on rencontre, surtout dans les écoles et les académies, des statues originales ou bien des plâtres reproduisant des œuvres célèbres, recouverts d'une multitude de petits points plus ou moins réguliers. À certains endroits, comme par exemple sur les visages, les pointillés se font beaucoup plus denses. Ces points témoignent tout simplement de la réalisation d'une copie. Comme nous le verrons, en effet, on peut toujours couler une épreuve grandeur nature en partant d'un original en n'importe quel matériau, alors qu'une copie en marbre d'un modèle de la même substance ne s'effectue pas de manière instantanée : il faut tracer un réseau de petits points sur l'original, mesurer les profondeurs et les reporter sur la copie, en creusant jusqu'à ce que la correspondance soit parfaite. Tout cela ressemble au « quadrillage d'une feuille », mais en version tridimensionnelle.

Théoriquement, en procédant de cette fa-

Trusquin sur un marbre de contrôle. La tige d'acier a été placée sur la ligne médiane du trou de la tôle de manière que sa dimension puisse être reportée sur une autre pièce. L'encoche à la base de l'instrument facilite le positionnement des objets

Flèche à mettre aux points et son support

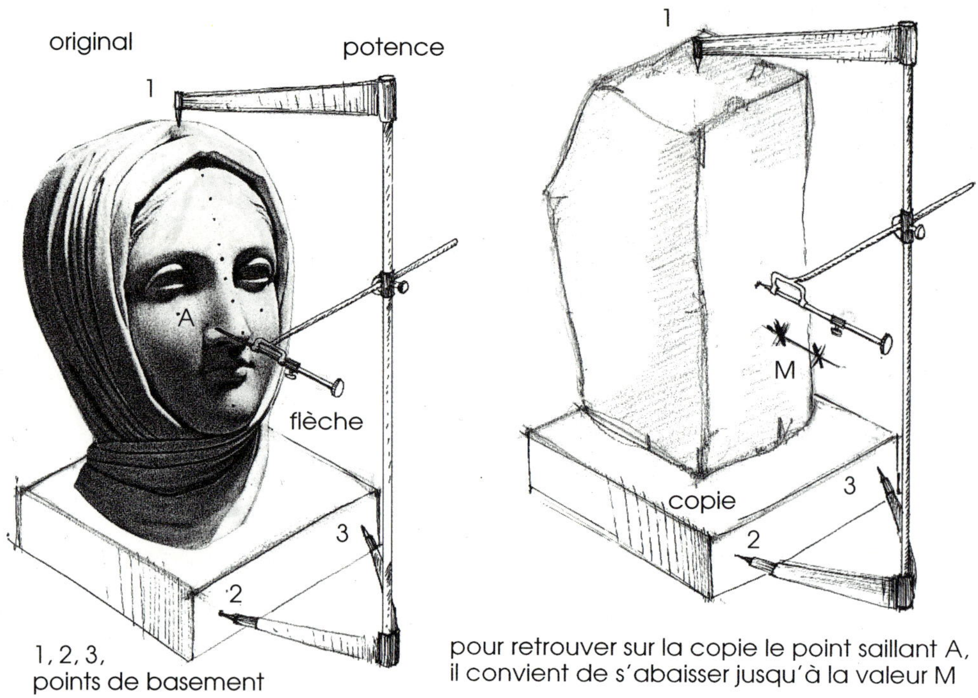

Le système des points de mesure
Tête de la Vestale
d'Antonio Canova
Milan, Galerie d'Art moderne

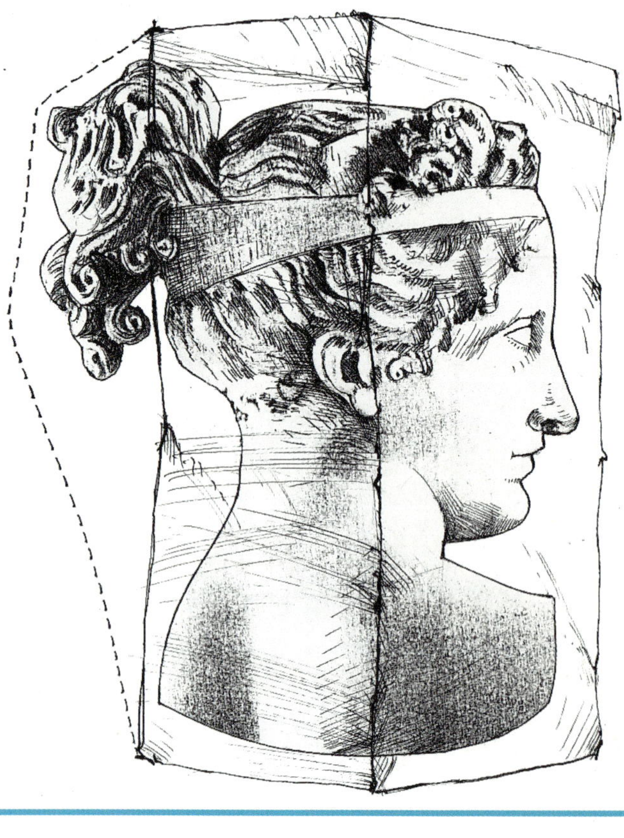

Quand une partie de la sculpture fait nettement saillie du bloc, il faut prévoir un bloc plus grand
Pauline Borghèse
d'Antonio Canova
Rome, Galerie Borghèse

Machine à mettre aux points positionnée sur la copie. Il faut creuser jusqu´à ce que la flèche arrive en bout de course, bloquée par son arrêt

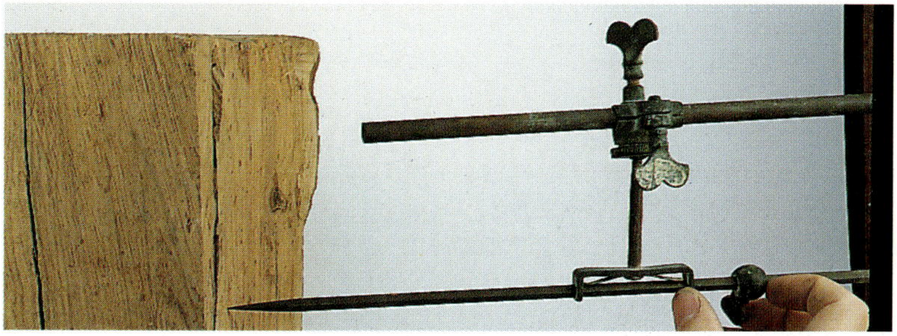

Machine à mettre aux points avec son support en place sur l´original. Noter la présence des petits morceaux de cire destinés à protéger les points saillants du front et du profil

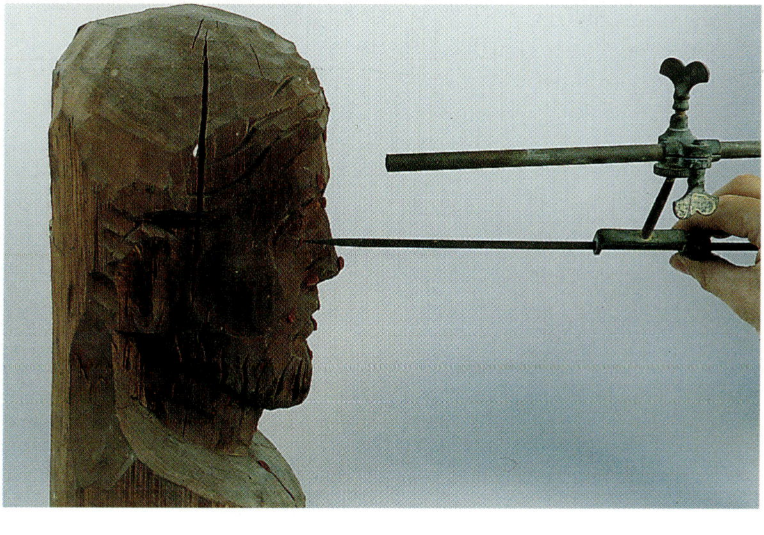

çon, il n'est même pas nécessaire de savoir sculpter. Il s'agit d'une technique longue, laborieuse et à la limite ennuyeuse, mais en contrepartie d'une simplicité enfantine. Examinons pour commencer l'instrument de mesure : une fine tige d'acier mobile, la *flèche*, pointue à une extrémité et dotée d'un arrêt, est reliée à des bras articulés qui s'orientent absolument dans tous les sens (voir p. 33). Observez maintenant la sculpture à copier pour évaluer les zones plus ou moins en relief, les diamètres maximums, moyens et minimums (voir p. 34). Cette « lecture » consiste en somme à rechercher soigneusement chacun des points saillants. Vérifiez ensuite à l'aide des compas que le bloc choisi contient largement l'original. Déterminez sur celui-ci trois points extrêmes (points de basement), à la base et au sommet, sur lesquels vous fixerez une potence destinée à supporter la flèche, comme le montre la figure de la page 34 en haut (sur les gros plans de la page 35, la potence se trouve hors champ pour une meilleure compréhension de la photographie elle-même). En procédant par ordre à partir du bas ou du haut, placez la flèche à proximité de l'un de ces fameux points saillants, en faisant coulisser la tige jusqu'à ce que sa pointe touche la surface de l'original. Pour ne pas courir le risque d'abîmer cette dernière, veillez à coller préalablement de petits morceaux de cire aux endroits voulus. En serrant la vis de réglage de l'arrêt, établissez définitivement la mesure de la profondeur. Vous avez ainsi mis en pratique le raisonnement sur les axes cartésiens exposé dans le cadre du rendu graphique de la tridimensionnalité.

Le déplacement horizontal de la structure équivaut à l'axe cartésien x, le déplacement vers le haut et vers le bas le long du montant vertical de l'instrument de mesure représente l'axe y, et la flèche coulissante n'est rien d'autre que l'axe z, à savoir la profondeur. Le sujet se situe au centre de ce système de référence. Le bloc brut, destiné à devenir une copie exacte, est posé ailleurs ; il devra tout d'abord être ébauché pour se rapprocher le plus possible de la forme, puis il se verra appliquer le même système de mesure permettant d'y reporter fidèlement chacun des points relevés. Déplacez par conséquent la potence complète et fixez-la sur les points de basement du bloc qui correspondent à ceux de la sculpture de départ. La flèche, grâce à son arrêt, signale qu'il n'y a pas assez de profondeur à l'endroit en question : il faut donc tailler la pièce, en retirant et en repositionnant au fur et à mesure la potence ; on sait que l'on a atteint la profondeur requise lorsque la tige arrive en bout de course. Il convient de répéter la même opération pour tous les points définis sur le modèle.

Le bloc n'est pas toujours cylindrique ou parallélipipédique et revêt parfois, comme ici, la forme d'un secteur

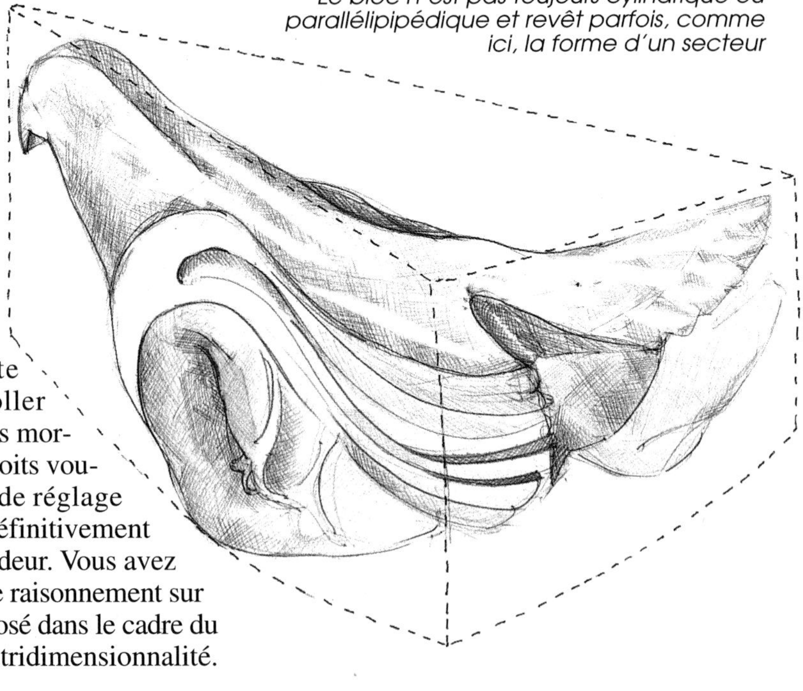

Les outils

Le premier outil indispensable revêt de telles dimensions qu'il n'est pas possible de le transporter. J'ajouterai même que plus il est grand, mieux c'est !
Je veux parler du lieu réservé à l'accomplissement de vos activités artistiques : l'atelier. Il s'agit d'un véritable instrument, à l'instar d'autres équipements plus ou moins complexes, dans la mesure où il facilitera l'exécution de votre travail. Il arrive malheureusement souvent que l'on ne possède pas de locaux adéquats et que les locations soient trop coûteuses, surtout pour s'adonner à un loisir. Vous devrez savoir vous contenter et baisser à proprement parler de niveau en vous installant avec armes et bagages au sous-sol. Pas question de faire de la sculpture dans sa cuisine : il ne reste donc plus qu'à choisir entre la minuscule cave de l'immeuble, le grenier où l'on gèle l'hiver et où l'on rôtit l'été, et un petit coin aménagé dans le box du parking.
Quelle que soit la décision prise, il convient de considérer certains points et de s'organiser en conséquence.
Il faudra toujours ranger les outils à leur place, en ne gardant autour de vous que ceux dont vous vous servirez sur le moment, balayer souvent le plan de travail et le sol, en veillant à ne pas laisser traîner de pots de peinture ouverts, au risque de les renverser avec les conséquences que l'on imagine aisément. Chaque intervention accomplie avec des machines électriques requiert un usage approprié de ces dernières, sans jamais forcer pour éviter de provoquer une surchauffe ou de faire perdre leur fil aux lames.
Enfilez automatiquement des gants, portez des lunettes et prenez les précautions nécessaires : il est si facile de se blesser et une maladresse est si vite arrivée quand on manie des instruments très tranchants. Un bon établi, soigneusement personnalisé et entièrement construit de vos mains, s'avère en toutes circonstances indispensable. Prenez par exemple une vieille table de cuisine, ordinaire mais suffisamment solide, et augmentez encore plus sa résistance à l'aide de renforts et de croisillons en métal ou en bois placés à la base des pieds.
Doublez le plateau d'un panneau de hêtre latté de trois centimètres d'épaisseur, que vous trouverez aisément chez n'importe quel marchand de bois, et fixez une bordure constituée d'une latte verticale de cinq à six centimètres de haut, pour empêcher les outils et les matériaux de tomber par inadvertance. Ajoutez d'un côté un meuble à tiroirs de ré-

cupération, afin de garder en permanence les instruments les plus utilisés à portée de la main, et de l'autre un gros étau à pied d'occasion ainsi qu'un valet. Pour être ergonomique, ce dispositif inesthétique mais pratique ne doit pas mesurer moins de quatre-vingt-dix centimètres de haut.

Pour compliquer un peu les choses, chaque type de matériau correspond en outre à des outils spécifiques et parfois incompatibles entre eux : c'est le cas notamment des ciseaux à bois et des pointes à marbre ; certains peuvent être fabriqués maison, d'autres sont si « importants » que leur usage s'adresse uniquement aux professionnels, et d'autres encore se situent au milieu et doivent être achetés. Quiconque souhaite façonner différentes matières se retrouve donc inévitablement dans l'obligation de se débrouiller, de se faire prêter une partie du matériel ou bien d'acquérir un grand nombre d'outils appropriés.

Les outils mentionnés ci-après figurent néanmoins parmi ceux qui s'emploient dans le cadre artisanal du métier de sculpteur.

Mieux vaut classer ses propres instruments en deux catégories : usage courant et utilisation spécifique.

Les premiers permettent de travailler différentes matières, moyennant le simple changement de la partie terminale qui vient au contact de la surface du matériau. Il s'agit des suivants :

– la *perceuse électrique* à main ou à colonne (sur laquelle on peut adapter un flexible électrique pour des travaux particuliers) ;
– la *ponceuse à mouvement orbital* ;
– la *meuleuse* ;
– la *scie circulaire* à ruban et à chaîne ;
– le *compresseur*.

L'emploi de limes, de fraises, de papiers, de toiles abrasives et de solides serre-points s'avère indispensable pour les travaux de finition, comme les collages.

Quant aux outils d'utilisation spécifique, nous en parlerons plus loin dans les chapitres consacrés au bois et aux marbres.

Précieuses amitiés

Ce chapitre au titre un peu étrange constitue un complément nécessaire du précédent, entièrement consacré aux outils, le but étant de vous permettre d'obtenir les résultats non seulement les meilleurs, mais aussi les plus « professionnels ».
Il s'agit en résumé de demander poliment et précisément (en sachant donc parfaitement ce que vous voulez) à des artisans spécialisés d'exécuter certaines opérations particulières, très difficiles à réaliser dans votre plus ou moins modeste atelier personnel. Voici une série d'« adresses » sinon indispensables, du moins très utiles :
– la *droguerie*. Outre les peintures, les vernis, les solvants ou les pinceaux, il est important que vous puissiez vous y procurer, en puisant directement dans le stock du magasin ou bien sur commande, tous les autres articles difficiles à trouver dans les boutiques ordinaires et dont vous aurez de temps en temps besoin : gomme laque en paillettes, colophane, blanc d'Espagne ou cire d'abeille vierge ;
– la *quincaillerie*, que je distinguerai immédiatement du *magasin d'outillage*, appelle le même genre de discours : la première propose des fournitures ou de petits outils, et la seconde est réservée à de beaucoup plus gros achats, comme des appareils manuels ou électriques. Vérifiez la présence d'un large assortiment d'accessoires et de pièces détachées (pour une scie électrique, il existe différents types de lames : simples, au widia, à bois, à métaux non ferreux, à matières plastiques), ainsi que la garantie d'un service après-vente efficace et ponctuel ;
– le *démolisseur*, le ferrailleur, le casseur s'avère lui aussi indispensable. Vous découvrirez chez lui une myriade d'objets, principalement en métal, introuvables ailleurs. Bon nombre d'artistes contemporains ont erré au milieu des tas de tôles tordues pour en tirer des idées et des matériaux : submergé par des articles dépossédés de leur fonction d'origine, on est tenté de leur en attribuer une autre moyennant une composition plus ou moins curieuse des formes.
C'est ainsi que vous pourrez fabriquer des armatures pour le modelage, des socles, des supports, et constituer de cette façon très pratique un stock de matériaux à réemployer pour se simplifier la tâche (pensez, notamment, aux vieux étaux de forgeron, extrêmement utiles en maintes occasions) ou bien à transformer en outils (les ressorts à lames des camions font à cet égard d'excellents ciseaux à bois) ;
– le *potier* sera probablement le premier artisan à qui vous rendrez visite tout d'abord pour choisir l'argile, les émaux et les oxydes permettant de la colorer, puis pour la cuire. Les ateliers ne manquent pas en France et il y en aura sûrement un près de chez vous. Bon nombre de céramistes d'art finissent également par se doter d'un four électrique de capacité moyenne afin de travailler plus aisément. Ils se montrent presque toujours disposés à effectuer une cuisson commune, car il est rare que votre

volume de production et le leur remplissent à eux seuls le four : ce faisant, ils réduisent leurs coûts de moitié ;
– la *fonderie artistique* est un peu plus difficile à trouver. Faute d'en avoir une à proximité, le mieux consiste à s'adresser à une entreprise de pompes funèbres.
Une fonderie artistique coule le bronze ou bien d'autres matériaux fusibles, mais généralement la fusion, même pour une œuvre de dimensions réduites, revient assez cher ;
– le *marbrier* fournit aux chantiers de construction des marbres et des granites qui proviennent parfois de pays très lointains, en général sous forme de plaques de quelques centimètres d'épaisseur. Les machines employées pour travailler les roches suivent la même logique et exécutent sans aucun doute une série d'opérations autrement très pénibles, mais en intervenant la plupart du temps sur des surfaces planes. Il est donc extrêmement difficile de trouver des blocs entiers, même petits, susceptibles d'être sculptés. Mieux vaut alors se rendre directement à la carrière, sur les lieux de production. En dépit de ces restrictions, l'atelier du marbrier n'en demeure pas moins une adresse utile pour tout ce qui concerne l'équarrissage, la finition et le polissage ;
– le *menuisier* représente en quelque sorte mon interlocuteur préféré, vu la passion que j'éprouve pour le bois.
La technologie actuelle des équipements servant à travailler le bois permet à un atelier, même de taille moyenne, de se doter de machines à commande numérique. On y perd peut-être un peu du charme poussiéreux et du pittoresque désordre de l'établi croulant sous les rabots et les ciseaux à bois mal aiguisés, mais ne perdez pas de vue l'intérêt de pouvoir disposer d'outils capables d'accomplir des travaux fastidieux, éprouvants ou particulièrement précis ;
– chez le *forgeron*, il règne une sorte de dépouillement austère, vraisemblablement dû au faible rôle joué par la technologie dans l'entreprise consistant à forer, souder

Morceaux d'acier provenant d'une suspension de camion. Forgés et affûtés, ils feront d'excellents ciseaux à bois

et meuler. Les tôles d'acier, les tubes ou les profilés se conçoivent et se dessinent encore par terre avec un morceau de craie, puis se découpent au chalumeau ou bien à l'aide de grosses meules. Avant de souder, il convient de se protéger les yeux par un masque et les mains par d'épais gants cloutés. L'atelier du forgeron représente le lieu idéal pour fabriquer des armatures et des socles divers et variés, pour réaliser des gabarits qui faciliteront la suite des opérations, pour forer de grosses épaisseurs, pour modifier ou réparer tous les outils en fer, pour forger les ciseaux à bois ;
– le *sableur* complète le travail du forgeron. Sa tâche consiste à projeter du sable (en réalité de minuscules billes d'acier) sous pression sur l'objet en le débarrassant soigneusement de la moindre impureté et trace de graisse, de rouille ou d'un précédent vernis ;
– le *vernisseur* intervient en dernier pour exécuter une finition particulière dont on ne veut pas se charger soi-même, comme nous le verrons dans le chapitre consacré à ce sujet.
En pensant à l'utilité de contacter un vieil *ébéniste*, un *graveur*, un *polisseur*, un *orfèvre*, etc., je me rends compte que je pourrais rallonger cette liste à l'infini.
Les « métiers » qui gravitent autour de la sculpture sont aussi nombreux que les possibilités de combiner les différents matériaux. Il s'agit d'une recherche patiente, destinée à perdurer, à ne jamais s'épuiser, et qui contribue sans aucun doute à rendre cet art encore plus fascinant.

Sculpter le bois

Le bois

Facile à se procurer et assez peu compliqué à travailler, le bois est l'un des plus anciens matériaux employés par l'homme.
C'est une substance végétale tirée du tronc, des branches et de l'appareil radical des arbres. Il se compose essentiellement de cellulose (50 %), de lignine (25 %), d'eau (24 %) et d'autres éléments comme de l'azote, du tanin, des huiles essentielles, des gommes, des résines, etc.
Avant d'aborder la sculpture proprement dite, il convient d'examiner la structure de la grume et ses défauts éventuels.
Pour commencer, mieux vaut se tourner vers les *bois mi-tendres*, dont le tilleul constitue le prototype idéal : facile à se procurer, y compris dans des blocs d'assez grandes dimensions, docile sous le ciseau mais néanmoins doté d'une consistance appréciable, sans veines trop accentuées, il se prête bien aux opérations de finition et de polissage.
Les *bois tendres* n'autorisent malheureusement pas un fini très poussé ; même après un lissage minutieux, les surfaces revêtent souvent un aspect grossier et peu uniforme.
Je tiens à rappeler qu'une sculpture en bois se prête mal à une installation définitive en plein air : au bout d'une période allant de trois à cinq ou six ans, presque tous les bois pourrissent entièrement quand on les expose sans la moindre protection aux agents atmosphériques.
Je voudrais également évoquer maintenant la question du *séchage*.

Duramen de cerisier

Coupe d'une grume mettant en évidence les zones d'accroissement concentriques (cernes) et la fracture caractéristique due au retrait

Billes de bois mises à sécher sous un appentis. Au premier plan,une coupe transversale d'un gros tilleul

Il s'agit d'une opération nécessaire, destinée à améliorer les caractéristiques techniques du bois qui sera ainsi moins sujet aux déformations et se travaillera, se collera, se vernira mieux.
Le séchage s'effectue naturellement et progressivement. Le processus, excessivement lent, peut prendre des années mais constitue, quand tout se passe bien, la meilleure garantie d'une durée de vie optimale pour la pièce en question. On place la grume à l'extérieur, dans un endroit parfaitement aéré, à l'abri des rayons du soleil et de la pluie, en veillant à la maintenir à une dizaine de centimètres au-dessus du sol grâce à deux cales, elles aussi en bois, et en prenant soin de la retourner de temps en temps de manière que le séchage soit plus uniforme.
Un bon sculpteur doit savoir prévoir toutes ces choses lorsqu'il façonne un tronc unique ou bien assemble plusieurs éléments, en ayant conscience du fait qu'il ne disposera jamais d'un matériau homogène, que la déformation d'une pièce sera compensée par le mouvement contraire d'une autre et que l'ensemble de l'ouvrage ne manquera pas, avec le temps, de changer de forme, de dimensions, voire de caractéristiques.

La liste des bois employés en sculpture est longue, mais il faut à mon avis choisir pour commencer des essences faciles à trouver : parcs publics, jardins privés ou la forêt elle-même, pour ceux qui ont l'incomparable chance d'habiter à côté. Tout est bon pour débuter ou, plus exactement, rien n'est mauvais au point de vous empêcher de donner deux ou trois petits coups pour tester votre habileté et la consistance du morceau de bois qui vous est tombé sous la main.
Je vous conseille de procéder tout d'abord à une « enquête sur le terrain », pour voir si un paysan n'aurait pas décidé de couper un *noyer*, un *châtaignier* ou un *frêne* et n'accepterait pas de vous donner un morceau du tronc. Une autre méthode très rentable consiste à attendre les violents orages d'été pendant lesquels un vieil arbre, cédant sous les assauts de la pluie et du vent, finit par s'écrouler brutalement au sol.
Après avoir ébranché et débité le tronc, les jardiniers municipaux ou l'agriculteur propriétaire du terrain seront bien heureux de se débarrasser d'une partie de cette encombrante grume qu'ils laissent autrement souvent pourrir sur place. On se voit alors proposer des essen-

ces généralement de qualité médiocre et de taille réduite dont la vente à une fabrique de meubles ne procurerait pas un gros bénéfice, mais il arrive néanmoins que l'on reparte avec d'excellentes billes (sections transversales du tronc) de *tilleul*.

Le *cerisier*, lui aussi facile à se procurer, est très apprécié pour sa couleur rougeâtre qui s'intensifie sous l'action de la lumière ; le bois, assez dur, constitue un excellent matériau qui autorise un polissage d'une extrême finesse.

Le *noyer* est un bois dur, facile à travailler, susceptible d'un magnifique poli et dont le tronc atteint des dimensions notables ; tout le monde connaît la place qu'il occupe dans le domaine de l'ameublement, ainsi que sa couleur marron foncé et sa veinure prononcée. Il s'agit vraiment d'un excellent matériau, très résistant dans le temps bien que sujet aux infestations de vers, mais qui devient malheureusement de plus en plus cher.

Même chose pour le *châtaignier*, qui a toutefois tendance à se fissurer.

Certains arbres fruitiers ne fournissent pas de grosses billes en raison des dimensions réduites de leurs troncs : c'est le cas du *poirier* et du *pommier*. Ces bois moyennement durs, à la veinure compacte et peu marquée, revêtent une belle couleur brun rougeâtre et se prêtent tous les deux merveilleusement à la sculpture.

On trouve plus aisément de gros blocs de conifères comme le *sapin* ou le *pin*, mais ce type de bois résineux, très tendre, blanc jaune, aux veines particulièrement accentuées, convient peu à la sculpture en raison de sa propension à se piquer et à se fissurer. À condition de pouvoir s'en procurer, mieux vaut opter pour une variété de pin originaire des États-Unis, le *Pitch Pine*, qui croît lentement et possède des propriétés nettement supérieures.

Un autre conifère indigène, l'*if*, donne en revanche un bois dur, orange brunâtre et magnifiquement veiné. Susceptible d'un très beau poli, extrêmement souple et compact, il servait autrefois à fabriquer des arcs. Prenez cependant garde aux aiguilles, aux graines contenues dans les baies rouges caractéristiques et à l'écorce car elles sont toxiques.

Le *frêne* possède un bois très dur et résistant, à grain grossier et de couleur blanchâtre, qui se sculpte néanmoins assez difficilement.

Le *cèdre* et le *mélèze* constituent de bons matériaux à travailler compte tenu de leur dureté moyenne qui permet une taille aisée ; ces bois résineux, parfumés, s'avèrent extrêmement résistants.

Le *Pinus cembra* est une variété de pin à croissance lente qui se prête merveilleusement à la sculpture.

Le *hêtre* se travaille bien et se polit parfaitement car il s'agit d'un bois dur ; sa veinure compacte et fine forme une sorte de pointillé.

Typique de la région méditerranéenne, l'*olivier* donne un splendide bois très dur, surtout lorsqu'il est complètement sec, aux incomparables veines presque noires qui ressortent nettement sur le fond blanc jaunâtre. Il est presque aussi difficile de trouver des billes de grandes dimensions que de le façonner.

Le *rouvre* est le bois que l'on tire du *Quercus petraea*. À l'instar de toutes les autres variétés de chêne, il s'agit d'un matériau dur et lourd, résistant, à la veinure prononcée, très prisé mais relativement difficile à tailler.

Quand on veut se servir directement dans la nature, il convient d'apprendre à déceler l'état du bois à l'intérieur du végétal : un tronc apparemment impeccable se révèle souvent, dès la phase de dégrossissage, plein de caries et de défauts susceptibles de compromettre entièrement la réalisation de l'ouvrage.

Une autre solution consiste à se fournir dans une scierie. Indépendamment de l'aspect financier d'une telle démarche,

Tronc partiellement écorcé

Écorçage

vous pourrez ainsi raisonnablement compter sur un matériau de qualité, déjà sec et proposé en une vaste gamme de formes et d'essences : troncs écorcés et équarris, billes, planches épaisses, plateaux de toutes les dimensions imaginables. Vous y trouverez également des bois exotiques comme le *teck*, l'*acajou* ou le *palissandre*, mais attention à leurs prix vertigineux ! Outre le coût, n'oubliez pas non plus de jeter un coup d'œil au poids. Notez que soit le tronc aura encore son écorce, soit il sera déjà réduit au duramen. Dans le premier cas, il faudra supprimer l'écorce et l'aubier pour arriver au bois sous-jacent en utilisant un large ciseau dont le tranchant s'abîmera un peu en raison de la présence de terre ou de petits cailloux sur le tronc, mais il s'agit d'une opération assez grossière qui ne requiert pas de précautions particulières.
L'écorce une fois enlevée, vous pourrez étudier la façon de dégrossir la pièce avec la scie à ruban ou à main. Le travail de menuiserie va maintenant commencer.
J'ai en effet réparti les diverses phases de réalisation de l'ouvrage en quatre étapes différentes : la menuiserie, la taille, les assemblages, le modelé et le polissage de la surface.
Les finitions seront traitées à part dans un chapitre spécifique.

La menuiserie

Ce terme désigne l'ensemble des interventions consistant à dégrossir le bloc afin d'obtenir une ébauche.
On emploie pour cela de préférence une scie, puisqu'il s'agit de retirer des morceaux de bois plus ou moins gros pour approcher la forme souhaitée avant d'attaquer la sculpture proprement dite.
Avant toute chose, commencez par examiner la pièce : observez attentivement la disposition des veines, les caractéristiques spécifiques et les éventuels défauts à contourner. Effectuez un véritable déchiffrage du matériau : tournez-le et retournez-le entre vos mains, renversez-le, inclinez-le en pensant à ce que vous allez en faire dans la pratique. Passez ensuite à la phase de transfert du dessin : vous

Figure ébauchée en bois de cerisier (d'après le dessin page 17)

pouvez dessiner sur le bois brut avec un crayon gras ou des craies à la cire.
Si vous partez en revanche d'une maquette, reportez chacune des mesures à l'aide d'un compas, droit ou de propor-

Bloc de bois pendant le dégrossissage à la scie à ruban ; noter les dimensions du plateau

tion. Pour exécuter une copie exacte d'un modèle grandeur nature, adoptez la technique de la mise aux points.
Le sciage peut alors débuter. Avec une grosse bille de bois, je vous conseille de recourir à une scie à ruban ; une scie à main ordinaire fera elle aussi parfaitement l'affaire, mais rendra le travail un peu plus fatigant. Pour des pièces d'une certaine dimension que l'on aurait du mal à déplacer sur le plateau d'acier de la scie à ruban, on se sert d'une scie à chaîne qui se révèle d'une très grande efficacité.
Il est capital de maintenir le bloc immobile durant cette opération, le moyen le plus simple étant de le caler à l'aide d'un étau d'établi ; les mâchoires s'écartent néanmoins rarement assez pour loger le tronc. Afin d'aborder la sculpture sur bois dans les meilleures conditions, essayez par conséquent de vous procurer un *établi de sculpteur*, identique à celui du menuisier, mais plus petit.
Comme il ne s'en fabrique presque plus

Travail avec une scie à chaîne

La « chèvre », sorte de gros étau à pied

Bille positionnée dans l'étau d'un établi de menuisier et bloquée de chaque côté par des taquets servant de butoirs

de neufs et vu de toute façon le prix exorbitant de ces derniers, il ne vous reste plus qu'à espérer tomber sur un vieux menuisier qui s'apprête à fermer boutique et qui désire écouler son matériel.
Pour éviter justement toutes ces complications, vous pouvez vous construire une *chèvre*, ce terme pittoresque désignant un gros étau à pied, extrêmement pratique.
On doit cette invention à la sagacité de Marco Melzi qui, en observant l'établi spécifique des sabotiers, remarqua, outre la forme zoomorphe de l'objet, qu'un montant était fixe et que l'autre, mobile, venait se serrer contre le premier exactement comme s'il s'agissait d'un énorme étau. Pour fabriquer cet outil, prenez six planches de hêtre de 15 x 5 cm de section : deux de 90 cm, deux de 80 cm et deux de 60 cm de long. Percez ensuite les trous et creusez les mortaises destinées à recevoir les tenons, conformément à la figure de la page suivante, puis assemblez les différents éléments en les fixant solidement avec de la colle, des vis ou des chevilles. Vissez alors sur les extrémités internes de chacun des montants deux morceaux de contre-plaqué de 20 mm d'épaisseur qui contribueront à bloquer la pièce. Le montant A doit demeurer amovible. Récupérez chez un casseur un tube de 30 mm de diamètre et d'environ 70 cm de long, au bout duquel vous souderez une barre filetée de 20 à 25 mm de diamètre et d'une trentaine de centimètres de long. Terminez en forant le tube tous les 5 ou 6 cm et en dotant le gros écrou de deux solides poignées.

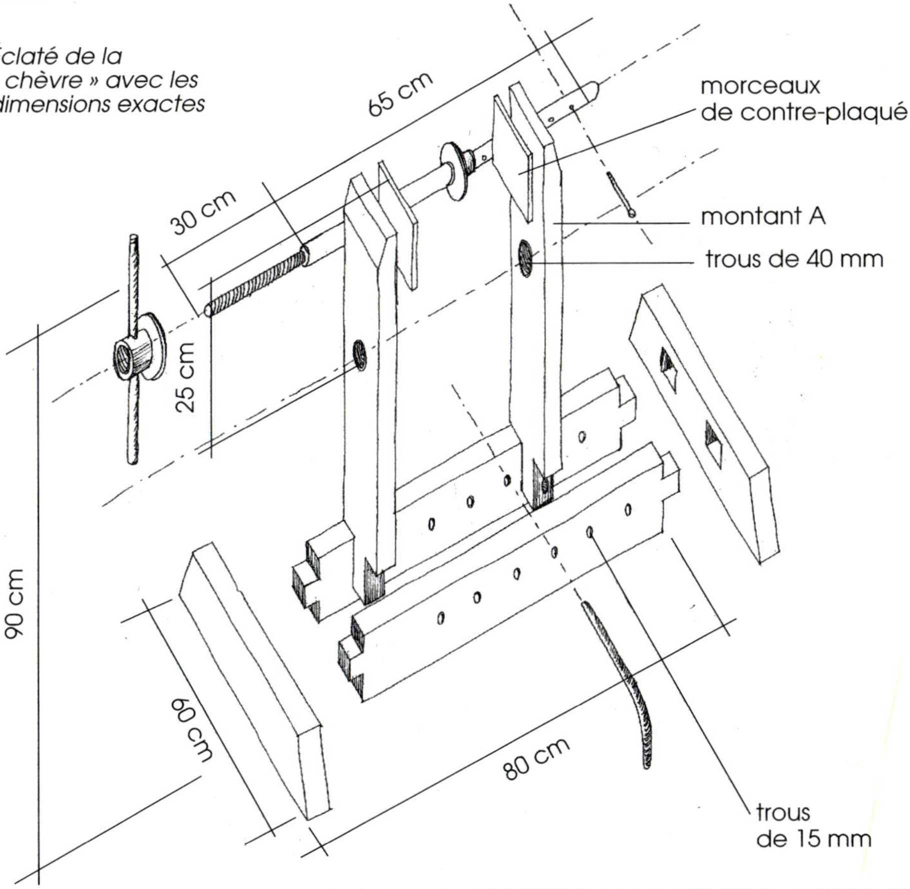

Il ne reste plus qu'à placer le montant A à la largeur voulue, en le bloquant dans le bas grâce à la tige prévue à cet effet et en réglant dans le haut la barre filetée de manière à serrer convenablement le bloc. L'extraordinaire efficacité de cet instrument rustique n'a d'égal que son faible coût et sa facilité de réalisation.

La taille

La taille équivaut à la « sculpture » proprement dite ; même si l'on regroupe sous ce terme l'ensemble des opérations accomplies sur le bois, elle représente la phase à la fois la plus importante et la plus fascinante. On utilise des gouges et des ciseaux que l'on fait avancer à coups de mailloche dont le poids doit être adapté à la dureté du matériau et à la force de celui qui la manie, afin de limiter au maximum les efforts à fournir. Le mieux, et le plus pratique, consiste à se procurer du bois bien sec et dur et à se fabriquer, soi-même avec un tour ou en recourant aux services d'un tourneur, une petite série de mailloches de formes diverses.
En ce qui concerne les gouges, je vous conseille d'en acheter au début le moins possible, deux ou trois tout au plus, à savoir une moyenne, une fine et une en V (burin) ; vous n'avez besoin de rien d'autre pour effectuer vos premiers travaux et il vous suffira de compléter progressivement votre matériel.
Un équipement correct comporte automatiquement trois formats (grand, moyen,

Impressionnant étalage de gouges et de ciseaux

Mailloches et différentes sortes de gouges, faciles à trouver dans le commerce. Les manches sont eux aussi standard

petit) pour chaque type d'instrument : *ciseaux plats*, *gouges plates*, *gouges creuses*, *gouges coudées*, également appelées *cuillères*, dont le tranchant pénètre en profondeur comme on le voit sur la figure ci-dessous, *burins*.
La forme du manche revêt elle aussi beaucoup d'importance : toujours et uniquement cylindrique, fuselée, sa section doit permettre une prise parfaite. Les petits manches facettés ne conviennent qu'aux fers minuscules ou rarement usités. Vous pouvez acheter les manches en bois et les gouges séparément, ou bien les fabriquer vous-même : la photo du bas de la page suivante montre des gouges réalisées à partir de vieilles limes ou d'un acier d'excellente qualité, découpé au chalumeau oxyacétylénique. Pour le forgeage, demandez à votre ami forgeron de vous aider : l'acier une fois porté au rouge, on le martèle sur l'enclume pour lui donner la forme souhaitée, puis on le refroidit instantanément en le plongeant dans de l'eau ou de l'huile de manière à le tremper, avant de l'aiguiser à la meule. Il faut que la gouge ne constitue qu'une seule pièce avec la soie à insérer dans le manche qui pourra être tourné avec du bois de figuier qui supportera bien les coups en raison de sa souplesse.
L'affûtage est l'une des choses qu'il convient d'apprendre à faire soi-même.
Cette opération consiste à remodeler soigneusement l'instrument en éliminant une partie de l'acier. Pour reconstituer le profil de coupe, regardez l'outil de face : le fil, aussi fin qu'un cheveu, doit toujours rester

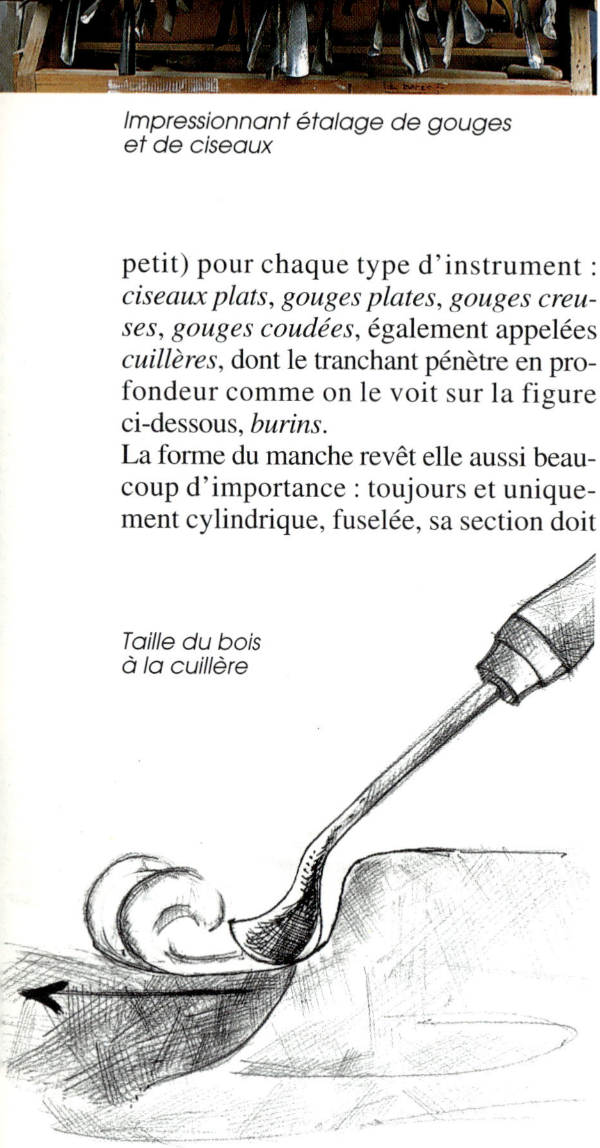

Taille du bois à la cuillère

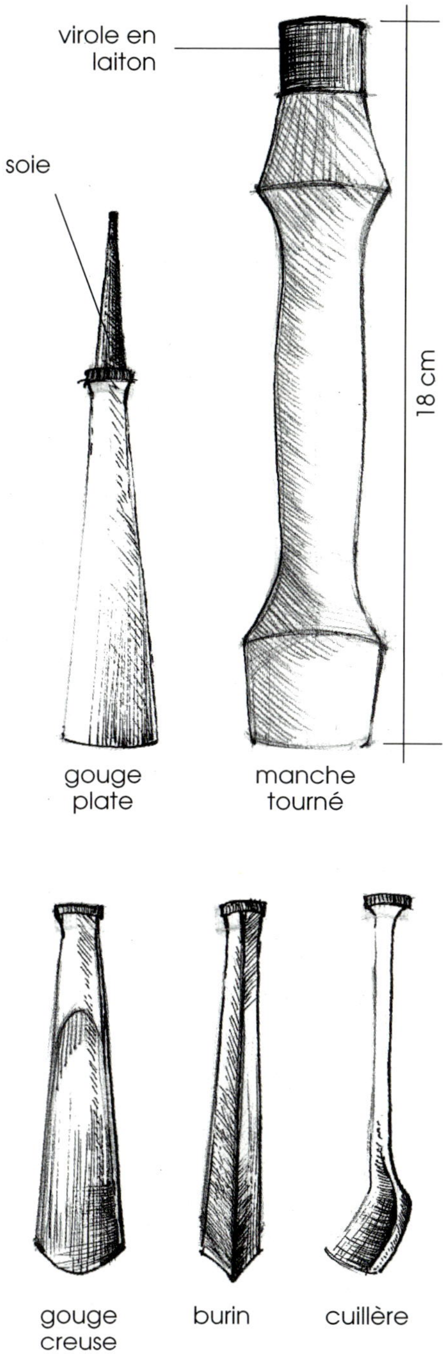

Forme du manche et des principales gouges

bien droit. Il arrive malheureusement, surtout avec des bois durs, que le fil s'altère considérablement à l'usage et que le bord se dentelle au point de couper moins et de façon irrégulière. Le tranchant qui vient au contact du matériau pour l'entamer a un dessus plat et un dessous biseauté.
L'angle de biseautage varie selon que l'on travaille des bois durs (large et profond biseau) ou bien plus tendres (faible biseau). C'est cette partie, appelée taillant, que l'on soumet à l'action de la meule en maintenant une inclinaison d'environ 27°.
La meule, constamment arrosée d'eau, fonctionne grâce à un moteur électrique qui engendre un faible régime : cela évite que l'acier, en dépit du frottement intense, ne devienne incandescent et ne se détrempe. Les meules à sec et à rotation rapide

Gouges et cuillères forgées et fabriquées maison

Gouges forgées maison ;
les manches ont été tournés dans une branche de figuier, un bois très souple

Une gouge large et plate avec son tranchant

ont pour principal inconvénient de très vite « échauffer » excessivement l'acier qui brûle et perd ainsi une partie de ses propriétés. Une fois que l'on a donné la forme voulue au taillant, on termine l'affûtage à la main avec des pierres à aiguiser spéciales à grain très fin que l'on prend soin d'imprégner préalablement d'huile minérale. Pour un ciseau, qui est droit, on utilise une pierre à aiguiser plate ; pour les gouges, il convient de se procurer une pierre aux côtés arrondis. Les fers doivent ressortir de ce traitement brillants, polis, sans la moindre trace de morfil, avec un fil parfaitement net.

En maniant les gouges et les ciseaux, vous vous rendrez compte des énormes différences de consistance du bois : en fonction des endroits, l'outil retirera aisément de gros copeaux, butera complètement ou bien finira par arracher des éclats. Pensez à la structure du bois et vous comprendrez pourquoi il faut toujours aller dans le sens des fibres, jamais à contre-fil ; seuls des outils aussi coupants que des rasoirs permettent de travailler transversalement.

On alterne les diverses sortes de gouge au fur et à mesure que l'on progresse dans la réalisation de son ouvrage, en prenant une large gouge plate pour le dégrossissage et des fers plus fins poussés avec la paume de la main, sans mailloche, pour exécuter les opérations de taille les plus précises et les plus délicates. Le burin s'utilise pour pénétrer dans des zones étroites ou difficiles d'accès, mais peut aussi servir à laisser des sillons destinés à former un dessin sur la surface. La cuillère sert pour creuser

Raccord à la gouge de deux surfaces présentant des angles différents

La gouge, maintenue trop verticale, pénètre trop profondément dans le bois

Taille à contre-fil entraînant le retrait d'éclats irréguliers

Taille à fil montant qui permet de modeler le bois en enlevant des copeaux minces et réguliers

Taille transversale au burin

Différents types de taille réalisés avec des instruments dont la forme du tranchant se lit sur le bord de la planche

P. Fazzini
Portrait du sculpteur
A. De Felice *(1937)*
Bois
Rome, Galerie nationale d'Art moderne

profondément une zone très circonscrite ou pour travailler en contre-dépouille. Il conviendra bien entendu de tourner de temps en temps la pièce pour façonner également les autres côtés, en l'enlevant de l'étau et en l'examinant sous tous les angles pour apprécier les volumes et, surtout, déterminer quelles parties il faut encore enlever, en les marquant d'un trait de crayon. Quand on opère avec un modèle réduit, il faut prendre constamment des mesures, vérifier qu'elles correspondent parfaitement et contrôler souvent, à l'aide des instruments appropriés, les épaisseurs, les rayons de courbure et les creux. Arrivé très près de la forme finale, on abandonne les gouges et on passe au lissage. Certaines sculptures s'arrêtent au dernier coup de gouge, sans recevoir un modelé plus poussé : je vous conseille dans ce cas de vous reporter directement au paragraphe consacré à la finition du bois (page 78 et suivantes). Outre la méthode classique que nous venons juste d'évoquer, on peut remplacer la mailloche par un ciseau pneumatique fonctionnant à l'air comprimé. Il s'agit d'un appareil facile à employer en dépit de son poids, pratique et très rapide.

En travaillant à partir d'une maquette, il convient de vérifier les mesures sur la pièce à l'aide d'un compas d'épaisseur

M. A. De Poi
Figure avec le soleil
(1983)
Bois et laiton
Collection privée

Le corps cylindrique, relié au compresseur par un tuyau, renferme un piston que la force de l'air, réglée par une soupape à levier, fait monter et descendre. Les fers s'assemblent sur une bague cannelée bloquée par une tige qui s'adapte à son tour sur la virole située à l'extrémité de l'appareil, de manière que la gouge ne s'échappe pas mais puisse néanmoins accomplir un mouvement alternatif. La puissance de la percussion est dosée en partie par le levier, mais surtout en augmentant ou en réduisant la pression sur le manomètre. Pour changer de ciseau, il suffit de faire pivoter la virole d'un demi-tour, de retirer l'outil et d'en mettre un autre en replaçant la virole dans sa position initiale. On peut utiliser des ciseaux et des gouges de toutes les formes et de toutes les dimensions en retirant le manche éventuel et en coupant ou bien en arrangeant la soie pour qu'elle s'insère correctement dans la bague : soit on la soude, dans le cas des fers les plus couramment employés et à condition d'avoir plusieurs bagues à sa disposition, soit on la fixe au moyen d'un boulon de serrage spécial, soit on la laisse libre pour permettre un ajustage manuel.

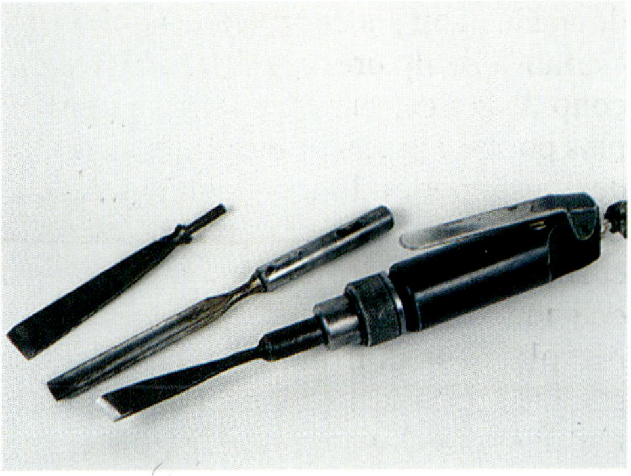

Ciseau à bois pneumatique

Les assemblages

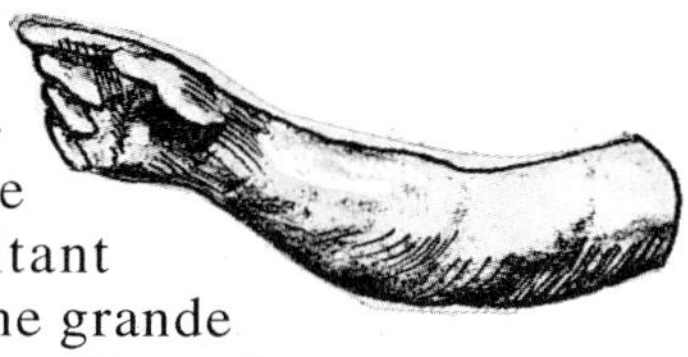

La forme projetée ne s'inscrit pas toujours entièrement dans le bloc de bois ou bien, à l'inverse, peut s'y inscrire mais en nécessitant l'élimination d'une grande quantité de matière. La sculpture sur bois admet donc les assemblages réalisés avec le même type d'essence, ce qui s'avère en revanche beaucoup moins souhaitable dans le cas de la pierre !
Prenons un exemple : avez-vous jamais remarqué que tous les grands crucifix en bois avaient des bras rapportés et qu'il n'en existait pas de taille identique en marbre ?
Les assemblages font partie intégrante des techniques de menuiserie : tenons, chevilles, mortaises et queues d'aronde, tout cela se fait aujourd'hui à la machine. Le sculpteur adopte quant à lui plus généralement le système des *chevilles invisibles* qui garantit un meilleur résultat esthétique : les deux faces à réunir sont dressées au rabot, puis repassées délicatement à la râpe afin d'obtenir une surface rugueuse qui tienne bien la colle. Mais il devra avant toute chose s'agir de deux pièces déjà ébauchées et compatibles sur le plan de la couleur et de la veinure, l'idéal étant qu'elles proviennent du même bloc. Il faudra également que chaque élément permette un positionnement aisé des serre-joints ou puisse être calé dans l'étau, en le profilant au besoin légèrement. Sur l'une des deux faces, on plante un clou à bois pour chacune des chevilles prévues ; avec une pince coupante, on élimine la tête du clou en le saisissant assez bas ; on superpose ensuite la seconde pièce, en la plaçant exactement dans la position qu'elle occupera une fois fixée définitivement, et on la frappe doucement avec un maillet pour que les clous plantés de

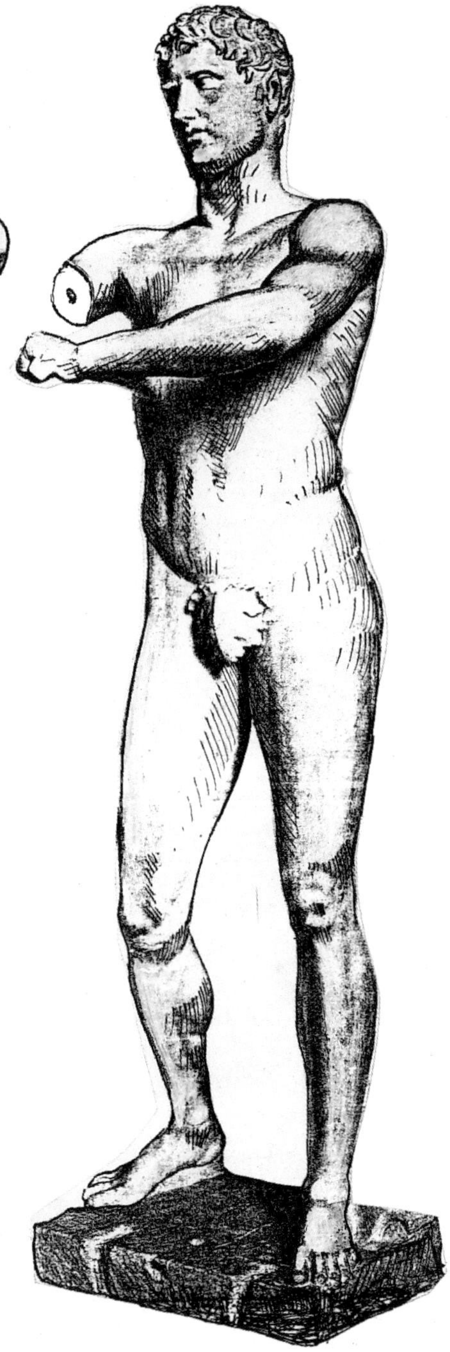

Figure sculptée d'une seule pièce, à l'exception du bras qui a été assemblé
*Copie romaine de l'*Apoxyomène *de Lysippe*
Rome, musées du Vatican

Lors de l'assemblage, les clous servent de points de repère pour le défonçage ultérieur

Avec une pince coupante, on supprime la tête des clous

On superpose la seconde pièce que l'on frappe pour marquer l'empreinte des clous

Les clous une fois retirés, on perce les trous et on vérifie le diamètre avec un calibre

On enfonce les chevilles d'un côté, et on vérifie la correspondance des trous de l'autre côté

On met le serre-joint en place après avoir collé les deux pièces

l'autre côté s'enfoncent aussi un peu de ce côté-ci.

Grâce à cette opération, les trous correspondent parfaitement et demeurent à l'intérieur. On retire les clous à l'aide d'une paire de tenailles et on fore les trous à la perceuse à colonne : ils doivent impérativement être verticaux et avoir le même diamètre que les chevilles ; leur profondeur sera de quelques millimètres supérieure à la moitié de la longueur des chevilles qui pénétreront à demi dans chaque face ; à ce stade, un calibre facilite énormément la tâche.

On teste l'ensemble en faisant coïncider les trous et en s'aidant éventuellement des serre-joints car un bon assemblage se force toujours un peu. Quand il n'y a vraiment pas moyen de rapprocher les deux parties, on peut toujours essayer d'évaser les trous de l'une des faces seulement.

Une fois que tout est bien en place, on procède au collage (pour de plus amples renseignements, voir le paragraphe « Plâtre et colle », p. 90, dans le chapitre *Recettes*) en serrant à fond les serre-joints. En travaillant par la suite dans la zone de l'assemblage, vous constaterez qu'il vaut mieux éviter de taper trop fort sous peine de provoquer le décollement des deux éléments, et ce bien que le système adopté garantisse une grande cohésion. Les fibres auront peut-être aussi une direction un peu étrange, contraire, qui compliquera considérablement la taille. Voilà pourquoi il est important que les deux pièces soient au minimum ébauchées ou, mieux encore, qu'elles n'aient plus qu'à être polies.

Le modelé et le polissage des surfaces

Nous avons déjà dit que le travail à la gouge et au ciseau s'arrête dès que l'on arrive près de la forme finale : on passe alors au lissage à la lime et à l'abrasif. Quand le type d'ouvrage le permet, on commence par arrondir les arêtes laissées par les coups d'outils, en les égalisant à l'aide d'un instrument très pratique et ingénieux, mi-lime, mi-rabot, qui convient parfaitement pour modeler la surface. Il se compose d'une poignée de format divers et d'un fond hérissé de petites lames en rangs serrés, dont le principe rappelle celui de la râpe et que l'on peut changer quand il est usé. Il existe différents modèles (plats, convexes et même en queue-de-rat) qui laissent sur le bois des marques semblables à celles d'une gradine à marbre.

Une fois que l'on a obtenu la forme définitive, on entame le ponçage et le lissage de la surface à la lime tout d'abord *demi-douce*, puis *douce* (la *bâtarde* n'est pas nécessaire après la râpe), ou bien au papier abrasif de plus en plus fin. Plus les bois sont durs, mieux ils se polissent en mettant progressivement en relief toute leur structure au fil des passes du papier. La règle veut que l'on utilise la lime avant le papier, car la lime entame beaucoup plus le matériau : cela s'applique, il est vrai, au métal, mais pas forcément au bois. Que l'on emploie une lime, de la toile ou du papier abrasif, il convient de fixer clairement dès le départ l'ordre des opérations. Le mécanisme est le suivant : avec une râpe, un rabot, une lime bâtarde ou un papier à gros grain (n° 40 à 60), on enlève une grande quantité de matière, on aplanit et on risque même de creuser de véritables sillons dans la surface si on n'y prend pas garde ; à ce stade, la forme est définie : les interventions ultérieures doivent uniquement servir à effacer les marques ! Le papier n° 80 supprimera les traces du précédent n° 60, le n° 120 égalisera les marques du n° 80, le n° 150 lissera les griffures (on ne peut plus vraiment parler de marques) du n° 120, etc. Une erreur très courante consiste à sauter du n° 60 au n° 150, par paresse ou par négligence : on effectue là aussi un ponçage, car le papier abrase néanmoins le matériau, mais les rayures sous-jacentes découlant des premières passes demeurent nettement visibles. N'oubliez jamais que les stries du numéro que vous utilisez aplanissent celles du numéro précédent et disparaîtront sous l'action du numéro suivant. Avec les appareils électriques, il convient de prendre des précautions supplémentaires sous peine de perdre vite le contrôle de la situation et de trop abraser. Après avoir achevé le façonnage à la gouge, j'effectue, en ce qui me concerne, un passage rapide et plutôt grossier avec une petite meuleuse dotée d'un disque n° 40 ; j'affine le modelé à l'aide du flexible électrique, qui me permet de travailler très précisément, et de meules n° 60 et 80 ; toujours avec le flexible, je commence à polir avec le n° 120, jusqu'au stade final où je repasse le n° 120 à la main sur l'ensemble de l'ouvrage, pour effacer les imperceptibles facettes engendrées par les meules et rendre la surface parfaitement uniforme ; il ne me reste alors plus qu'à compléter le polissage avec les papiers n° 150 à 180, voire plus si besoin est.

La fonte

À la différence des méthodes de sculpture directes, la fonte implique une étape intermédiaire, un changement résultant de techniques spécifiques : l'intervention créatrice a lieu avant, lors du modelage, et après, pendant les opérations de finition. Nous allons décrire deux procédés qui diffèrent considérablement l'un de l'autre, même s'ils prévoient tous les deux l'emploi des alliages communs du cuivre, du bronze et du laiton ou des alliages précieux comme l'or et l'argent ou des alliages semi-précieux.

G. Manzù
Détail du groupe en bronze Mileto et Giulia en voiture *(1966)*
Bergame, Académie Carrare

La fonte à cire perdue

Cette méthode très ancienne consiste à remplir avec le métal fondu une cavité laissée libre par l'original modelé en cire. Le monde classique avait atteint une perfection inégalée dans ce domaine, comme le prouvent à l'évidence les œuvres qui sont parvenues jusqu'à nous. Ce type de fonte disparut au cours du Moyen Age, puis revint sur le devant de la scène à la Renaissance. Sur un noyau en argile, on modelait la cire jusqu'à obtention d'un fini impeccable ; on recouvrait ensuite l'ensemble d'une autre couche d'argile, le *moule*, en prévoyant un réseau dense de canaux de coulée et

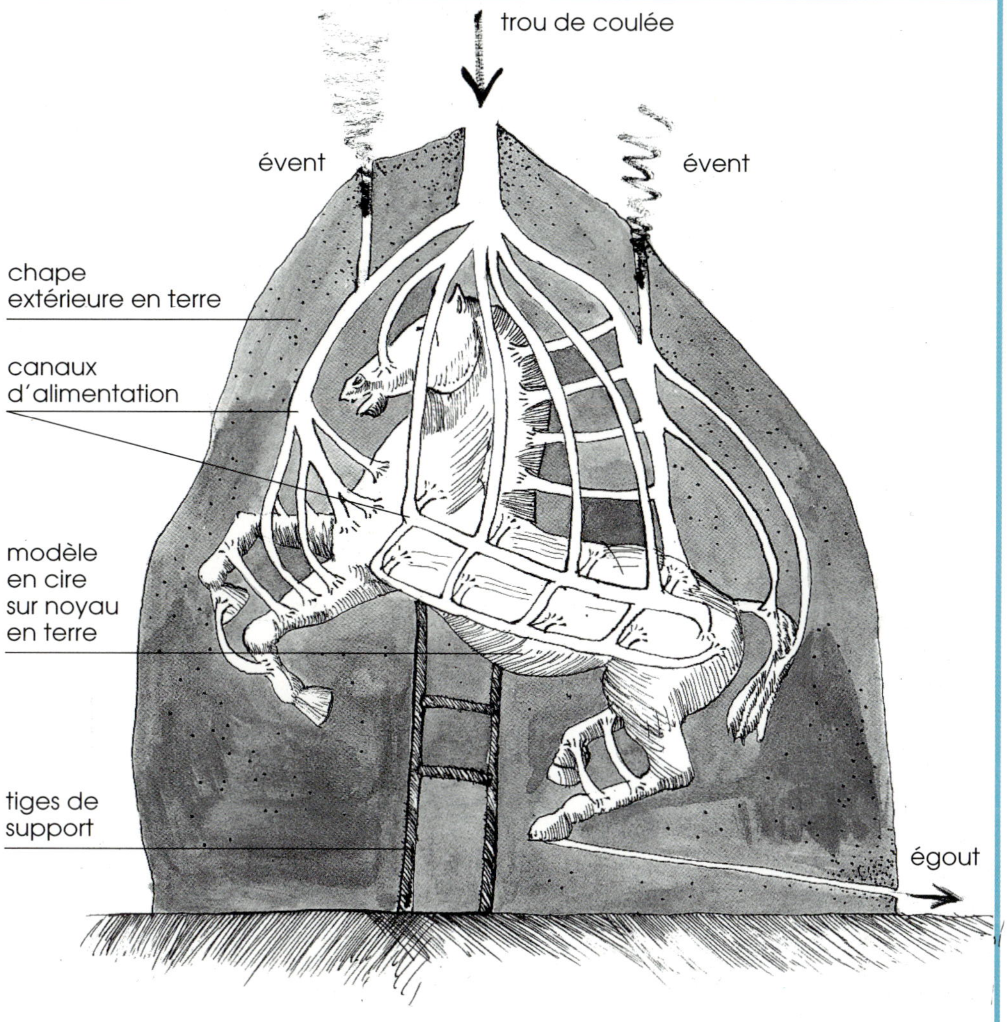

Ancienne technique de fonte permettant d'obtenir des bronzes creux de grande taille selon la méthode directe

d'évents, de manière que la masse en fusion pénètre facilement dans chacune des parties de la sculpture. La réussite de la fonte dépendait presque entièrement de cette opération complexe. Il fallait en outre fixer à l'aide de quelques clous la chape extérieure sur l'âme intérieure qui devait elle aussi être renforcée afin de supporter le poids considérable de la structure. Le modèle était alors cuit dans un four, en faisant fondre la cire et en libérant ainsi un interstice où coulait l'alliage en fusion qui descendait sous l'effet de la gravité. L'argile une fois cassée, on éliminait le système d'alimentation et on débarrassait la sculpture de son noyau de terre. Il ne restait plus qu'à procéder au long travail de finition du métal et au soudage des différentes pièces, quand l'œuvre en comprenait plusieurs.

Les techniques actuelles ne diffèrent finalement pas beaucoup de celles d'autrefois dans le cas des grandes fontes, comme celles des cloches par exemple. Mais on a aussi la chance de pouvoir réaliser aujourd'hui des ouvrages de petites et moyennes dimensions grâce au système moderne de la *microfonte à cire perdue*, un système qui permet un niveau de précision des détails si poussé que les empreintes de doigts laissées sur la cire molle lors du modelage restent parfaitement visibles une fois la fonte terminée.

Le modèle peut être préparé de différentes façons et peut revêtir plusieurs formes ; épais ou mince, lisse ou rugueux, on le crée dans le matériau de son choix, du marbre au bois en passant par le bronze et l'argile. On confectionne ensuite un moule en plâtre dans lequel on coule exclusivement de la *cire à modeler*, de la cire végétale ou de la cire d'abeille vierge (voir le chapitre *Recettes*) afin de tirer une épreuve de la sculpture, sans âme naturellement. On peut ainsi obtenir des copies, des *multiples*, réalisées au départ aussi bien dans une matière souple que dans une matière dure. Je vous conseille pour ma part de modeler directement la cire : des travaux de vingt à vingt-cinq centimètres de haut et de diamètre se fondent sans aucun problème en une pièce unique et pour un coût assez limité.

Le modelage une fois achevé, on ajoute des tiges de cire de taille convenable en les soudant à l'aide d'une spatule métallique chaude. Il s'agit des *canaux de coulée* qui faciliteront la répartition du métal dans les moindres recoins et qu'il convient d'agencer en respectant cette logique.

On installe en dernier la tige maîtresse, également désignée sous le terme de *maître-jet*, à savoir le canal de coulée ayant le plus gros diamètre par où l'on injecte la matière en fusion. N'oubliez pas que la réplique en cire ou l'original modelé directement vont disparaître et ne pourront

Une fois le modelage terminé, on fixe les canaux de coulée avec un fer à souder électrique de manière que le métal se déverse facilement et atteigne même les points les plus éloignés

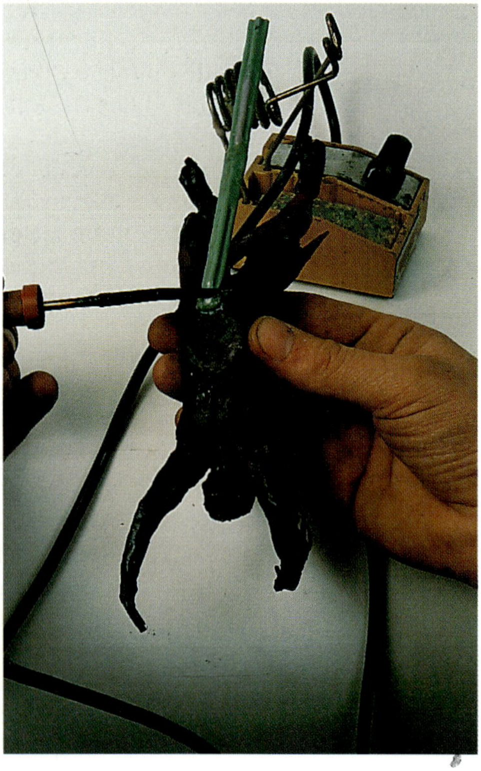

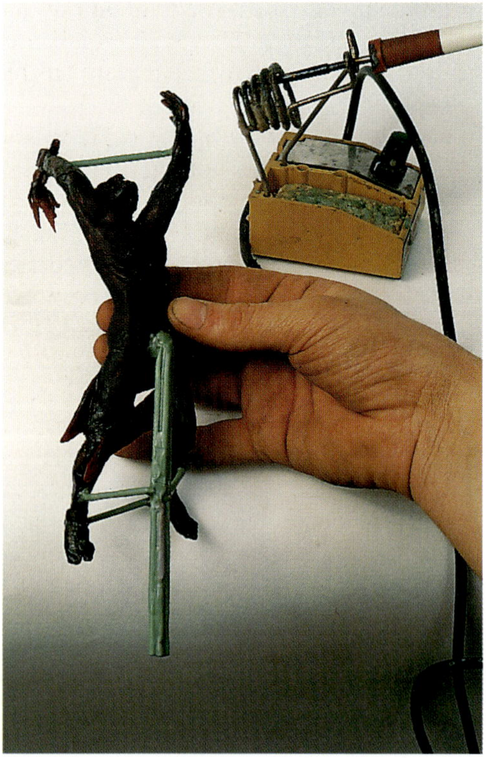

en aucun cas être récupérés. La pièce est alors prête à être pesée avec une balance de précision : en multipliant le poids de la cire par des nombres fixes, qui dépendent des poids spécifiques des différents matériaux, vous connaîtrez exactement le poids du métal à faire fondre dans le creuset. Ce calcul s'avère assez empirique car chaque fondeur applique ses propres coefficients en fonction de la disposition dans le cylindre (une seule ou plusieurs pièces montées en grappe) et en additionnant tout ou partie du poids du cône d'alimentation. Pour les alliages comme le bronze et le laiton, on multiplie par 9, et par 10 dans le cas de l'argent. Si la sculpture en cire pèse par exemple 127 g, cela donne 1 270 g ou 1 143 g selon que l'on décide de la couler en argent ou bien en bronze. Les résultats sont évidemment toujours arrondis au chiffre supérieur.

Renseignez-vous en outre sur la contenance maximum du creuset : elle se situe généralement aux alentours de dix kilogrammes de métal, soit environ un kilogramme de cire. Compte tenu du fait que les parties peuvent être évidées à l'intérieur et en jouant soigneusement sur les épaisseurs, un petit bronze de 3 à 4 kg permet déjà d'obtenir une belle forme ainsi qu'une grande satisfaction. Un excès de métal dans le creuset risquerait de provoquer l'éclatement de la section supérieure du cylindre, et par conséquent une fuite de métal liquide qui compromettrait irrémédiablement la fonte du modèle. À l'inverse, un apport insuffisant de matériau aboutit à une fonte non seulement incomplète, avec de nombreux manques juste aux endroits les plus détaillés, mais aussi très poreuse. Ceci se produit car les impuretés et les gaz de fusion éventuels se concentrent au niveau du fameux *entonnoir de coulée*. Avec un entonnoir de faible importance, la porosité se répand le long du jet principal et remonte parfois jusqu'à la zone inférieure de la sculpture proprement dite. Voilà pourquoi on n'hésite pas à remplir copieusement le creuset de manière à garantir la formation d'un gros entonnoir. Toujours dans le même ordre d'idées, un bon fondeur demande à voir l'œuvre avant d'effectuer la fonte afin d'évaluer la possibilité de recourir à de petites astuces, comme le fait de modifier la température du cylindre ou du métal, dans la mesure où certains d'entre eux *se glissent* plus ou moins vite dans la forme creuse.

S'agissant des alliages métalliques, chacun des composants, une fois fondu, change parfois de poids, de couleur et de volume :

– l'argent titrant 925 coule moins que l'argent ordinaire titrant 800 (800 ou 925 parts d'argent pur/1000, le reste étant du cuivre), est plus dur et on a découvert qu'il durcissait encore plus en vieillissant ;

– le bronze, qui est un alliage de cuivre et d'étain, s'avère d'autant plus fluide qu'il renferme un fort pourcentage d'étain, car ce dernier, fragile et peu malléable à froid, acquiert une remarquable fluidité une fois fondu.

La confection du moule en plâtre s'effectue à l'intérieur d'un solide cylindre métallique de hauteur et de diamètre divers que l'on est même parfois obligé de se fabriquer sur mesure.

Vient ensuite l'entonnoir de coulée, en caoutchouc ou en tout autre matériau, qui présente au milieu une proéminence en forme de dôme ou de cône dans lequel s'enfonce la tige maîtresse de la sculpture. À chaque cylindre correspond un entonnoir de diamètre approprié. Lorsque le modèle en cire est de grande taille, on le place tout seul bien au centre du cylindre, mais quand il y a des pièces de plus faible volume, on les dote chacune d'un maître-jet et on les dispose soigneusement comme des branches d'arbre autour de l'axe central du jet principal, la *grappe* ainsi constituée ayant pour but de réduire au maximum les risques de porosité.

L'autre précaution à prendre consiste à ne jamais mettre la cire en contact avec les parois du cylindre : il faut toujours qu'il y

Entonnoir de coulée et maître-jet avec la structure en grappe caractéristique. Les objets – qui ont été retirés – étaient disposés tout autour. On distingue nettement les traces de porosité et le noircissement engendrés par les gaz qui se dégagent au cours de la fonte
À droite : à vide avec, à l'intérieur, le cylindre

ait quelques centimètres de plâtre autour, surtout sur le dessus, pour éviter que la masse en fusion ne défonce le plâtre.
C'est précisément à ce stade du travail que l'on peut envisager l'éventualité de diviser la sculpture en cire en deux ou plusieurs parties avant de l'introduire dans le cylindre, comme dans le cas de formes asymétriques ou très élancées. Imaginez un instant un modèle figurant par exemple un homme avec les bras écartés : même s'il rentre en entier, on perd un espace considérable, et il faut donc se résoudre à couper les bras qui, une fois coulés, seront soudés.
Le plâtre se prépare en mélangeant deux parts de poudre et une part d'eau, en versant toujours la poudre dans l'eau et non l'inverse. Ce que l'on appelle conventionnellement *plâtre* n'est pas le matériau à prise rapide habituel mais un composé de plâtre et de quartz vendu dans le commerce sous le nom de *cristobalite*. La potée ainsi obtenue ne comprend pas uniquement de l'eau et de la poudre, mais aussi de l'air : employée telle quelle, elle manquerait d'homogénéité, ce qui nuirait gravement à la reproduction en métal. Il convient par conséquent d'enlever l'air en mettant le cylindre plein de plâtre sous la cloche d'une pompe à vide, comme on le voit sur la photo ci-dessus ; le retrait de l'air sur le dessus du cylindre s'accompagne de la formation de bulles, de gaz tout d'abord, puis de vapeur d'eau. La masse de plâtre a alors tendance à déborder, c'est pourquoi il ne faut pas remplir le cylindre à ras bord.
Retiré de la pompe à vide, le cylindre est presque prêt pour la fonte. On refait tout d'abord le niveau, puis on laisse durcir, on égalise parfaitement le dessus et le dessous avec une lame, et on accentue éventuellement le creux de la surface destinée à recevoir le cône d'alimentation. Une heure au moins après la préparation de la potée, on procède à la première cuisson à 100 °C qui élimine complètement l'eau susceptible de se trouver encore dans le mélange et qui provoque l'écoulement de la cire que

l'on peut récupérer et réutiliser ultérieurement. Cette opération a lieu dans un four électrique ou dans tout autre système de chauffage. Le cylindre est ensuite porté à environ 700 °C, pour que la cire brûle sans laisser la moindre trace de carbone et que le plâtre cuise entièrement ; on interrompt alors la cuisson et on attend que la température redescende aux alentours de 400 °C. C'est à ce moment que le moule est prêt pour la coulée.
On prépare également le col du creuset, un récipient cylindrique en matière réfractaire ou en graphite, capable de résister à des températures très élevées et qui sert uniquement à contenir le métal en fusion.
Arrivé à ce stade, on peut commencer à faire fondre l'alliage ou le métal pur, vendu sous forme de grains minuscules, en chauffant directement le creuset sur la flamme d'un chalumeau et en opérant sous une hotte à même d'aspirer les fumées de combustion.
Ce système n'est pas le seul possible, et l'on obtient également d'excellents résultats en plaçant le creuset dans un petit four spécial doté d'une résistance électrique qui portera l'alliage à la température voulue. Il est préférable de toujours peser scrupuleusement le matériel avant de l'introduire dans le creuset. Durant la fusion, on ajoute aussi des poudres épuratives et des fondants, comme par exemple le *borax*, qui empêchent le contact entre la masse en fusion et l'oxygène de l'air (d'où la production de réactions chimiques) et qui la débarrassent des impuretés ; le mélange de l'ensemble s'effectue à l'aide d'une baguette en matière réfractaire.
Le coulage ne repose pas dans ce cas sur la force de gravité, comme d'autres techniques de fonte, mais sur la force centrifuge d'un dispositif spécifique monté sur un tréteau et à l'intérieur duquel on peut faire le vide, car on a constaté que cela améliorait nettement le processus. La machine comprend un cylindre associé à un contrepoids qui favorise la rotation.
Ce bloc renferme le creuset qui contient l'alliage en fusion et qui est entouré par le circuit de chauffage ; on y fait fondre directement l'alliage ou bien on y insère le creuset avec l'alliage déjà fondu.
On sort alors avec des pinces le moule de potée, gardé jusqu'à cet instant au chaud dans le four, et on l'introduit dans la partie supérieure de l'appareil en veillant à ce que l'entonnoir de coulée vienne se coller exactement contre le dessus du creuset rempli d'alliage fondu. On ferme le cou-

Fonte à cire perdue. Centrifugeuse

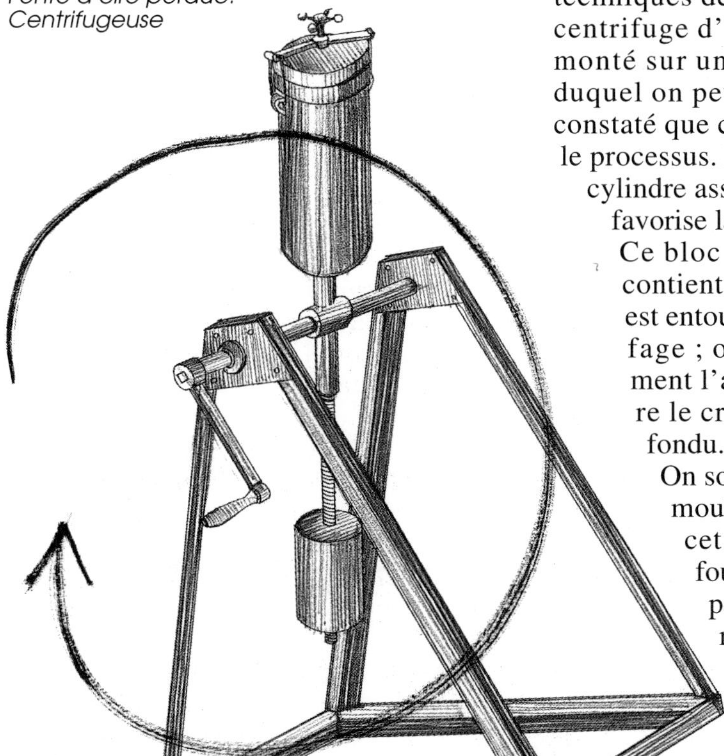

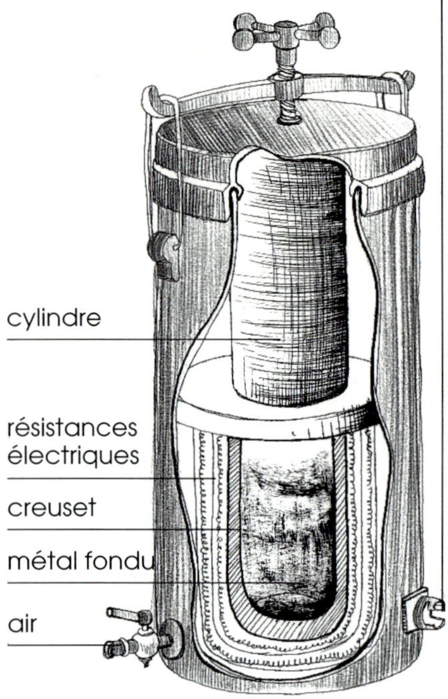

Coupe du corps cylindrique de la centrifugeuse

vercle spécial à vis, on élimine l'air en se reliant à une pompe à vide, puis on débranche la prise électrique ainsi que celle de l'air et on commence à actionner la manivelle, sans faire tourner trop fort pour ne pas courir le risque de défoncer le plâtre.

Le laborieux processus touche à sa fin et il ne reste plus qu'à savourer le plaisir d'apprécier la qualité du coulage. On ouvre la centrifugeuse, on extrait le cylindre et on le pose par terre, tête en bas, pour vérifier immédiatement si on a suffisamment rempli le cône d'alimentation.

Encore rouge et incandescent, le moule a quand même déjà commencé à se solidifier, mais mieux vaut attendre que sa température baisse et qu'il revête l'aspect d'une masse foncée et oxydée avant de le placer sous un puissant jet d'eau qui, en désagrégeant la cristobalite, libérera la sculpture.

La pièce à peine sortie du cylindre. Son éclat est dû à l'excellente qualité de l'alliage. On distingue une partie du cône d'alimentation – très poreux – et les canaux de coulée

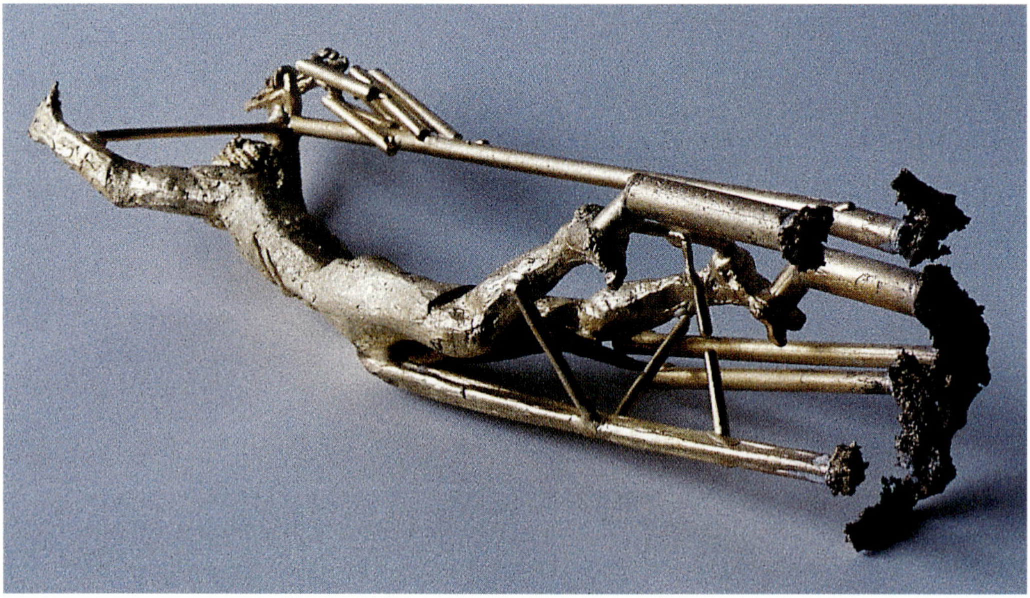

E. Greco
Laura *(1973)*
Bronze
Hakone (Japon), musée en plein air Greco Garden

La fonte au sable

Cette méthode consiste à contraindre un alliage métallique en fusion à se solidifier à l'intérieur d'une cavité ménagée spécialement dans un matériau comme la terre réfractaire.
Avec le procédé au sable de moulage, on part d'originaux en matériaux plus durs comme le plâtre, la terre cuite, le bois ou le métal, oubliant en général la cire.
La première étape correspond à la création minutieuse du modèle qui devra être compact et sans reliefs trop subtils susceptibles de ne pas être reproduits.
Un bon fondeur au sable est parfaitement capable de couler des ouvrages en contre-dépouille : la phase de moulage sera simplement un peu plus laborieuse.
Le *sable de moulage*, que l'on désigne aussi sous le terme de *terre de France* en raison de sa provenance, ressemble beaucoup à une argile ordinaire : il s'agit d'une substance minérale réfractaire, poreuse, homogène, réduite en une poudre très fine qui, une fois humide, devient plastique et conserve la forme donnée même après avoir séché. Ce matériau sert à confectionner des moules dans des cadres en fonte, ou *châssis*, munis de deux robustes poignées à chaque extrémité. Le châssis « mâle » possède sur le côté des broches qui s'insèrent dans les orifices du châssis « femelle ». Les châssis mesurent en général 30 x 40 cm ou 40 x 50 cm pour 8 à 10 cm d'épaisseur.
On commence par installer un châssis sur une surface plane et par le remplir de sable de moulage humide, en le tassant convenablement ; on emploie pour cela un sable dit de *remplissage*, à savoir un matériau déjà utilisé et cuit, que l'on a ensuite broyé à la meule et tamisé. Cette opération initiale sert uniquement à ébaucher le travail de moulage en fixant la disposition exacte des objets ; le châssis en question prend le nom de *faux-châssis* dans la mesure où il n'est pas destiné à la fonte. On recouvre sa surface de talc qui s'échappe à travers la trame fine d'un sachet de coton : en se déposant, le léger nuage de poudre empêchera le sable rajouté ulté-

En haut : bas-reliefs en plâtre d'après des originaux en plastiline ; ils serviront à la réalisation d'une médaille. Ci-dessus : les deux bas-reliefs coulés en bronze

rieurement de s'agglutiner à celui déjà présent dans le faux-châssis. On superpose alors un autre châssis, qui constituera la première moitié du moule, et on le remplit de sable neuf et propre de manière à prendre une empreinte fidèle de l'objet à reproduire. Après l'avoir retourné, on enlève les pièces du modèle du faux-châssis, que l'on défait, et on les dispose dans la demi-cavité à peine formée, en égalisant et en nivelant la surface à l'aide d'une truelle. On prépare entre-temps un second châssis de même taille que l'on place sur le premier, en veillant à ce que les broches et les orifices latéraux coïncident parfaitement. Après une nouvelle couche de talc, on le remplit de sable, bien tassé, et on obtient ainsi le moule complet. On sépare ensuite les deux châssis et on re-

Châssis de diverses tailles

Phase de moulage en châssis

Châssis contenant une tête. On distingue nettement les canaux de coulée et l'empreinte creuse

Le second châssis après la mise en place du noyau

tire délicatement les originaux en vérifiant que l'empreinte ne présente aucun défaut. Les châssis sont maintenant prêts pour la cuisson.

Dans le cas d'un sujet unique à couler, le travail peut être considéré comme terminé, mais lorsque plusieurs exemplaires sont souhaités, il faut chaque fois refaire un moule en sable autour du modèle original afin d'obtenir le nombre voulu d'empreintes. Il s'avère également possible de confectionner des moules avec des contre-dépouilles en disposant le sable dans les châssis de manière à réaliser des « pièces battues » : la cavité ainsi créée doit être occupée par une âme, autrement la coulée se répandrait en formant un bloc plein. Ce noyau, toujours en terre réfractaire, muni de fers qui le maintiennent en place, est légèrement plus petit

Ci-dessus : âme d'une petite figure
À droite : châssis à l'intérieur du four de séchage. Noter la disposition en chevrons

que le moule ; on l'exécute en enlevant méticuleusement l'excédent avec un couteau et en procédant à de multiples essais dans le châssis jusqu'à ce que l'interstice corresponde exactement à l'épaisseur de la sculpture, qui sera bien évidemment creuse à l'intérieur.
La phase de cuisson des moules sert à éliminer la moindre trace d'humidité, faute de quoi le sable des châssis risquerait de se détériorer ou de se morceler au contact du métal fondu. Dans la mesure où il s'agit d'un matériau lourd et encombrant, il est nécessaire d'utiliser des fours industriels à sole mobile ou bien des fours constitués d'une petite chambre close, parfaitement isolée et dotée de parois en briques pleines permettant d'y accéder aisément pour installer les châssis. La température nécessaire oscille entre 500 °C et 600 °C.
L'alliage se prépare dans une autre zone de la fonderie : on emploie indifféremment des lingots ou de la mitraille que

Civière au premier plan et, dans le fond, le fourneau cylindrique où l'on fait fondre l'alliage dans le creuset

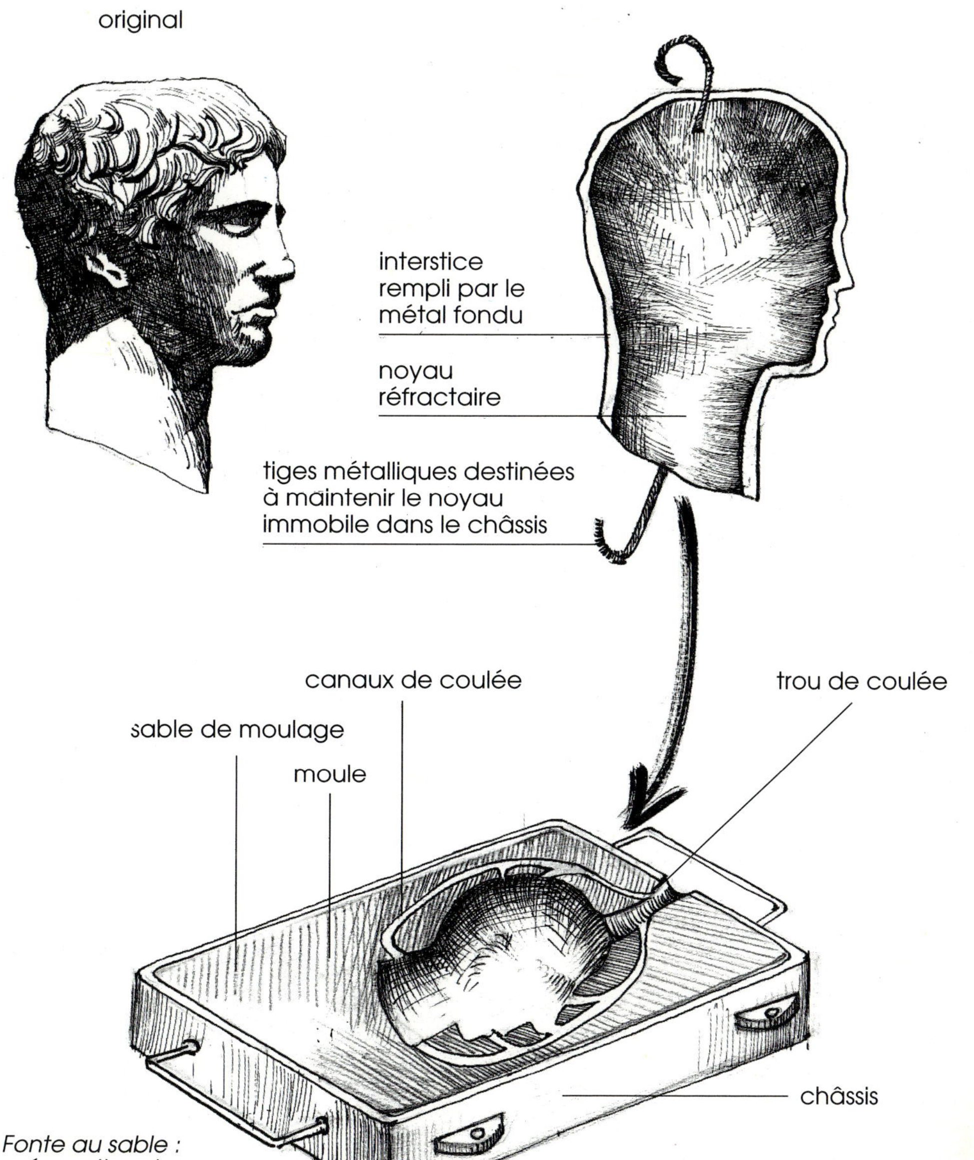

Fonte au sable : préparation du noyau pour le coulage d'une tête

l'on charge dans le gros creuset capable de contenir 40 à 60 kg de métal en fusion. Ce dernier est ensuite mis dans un fourneau à gaz cylindrique tapissé d'un revêtement réfractaire et équipé, dans le fond, d'un puissant chalumeau. On place dessus un couvercle rond, lui aussi en matière réfractaire et percé en son centre d'un trou par où l'on introduit le métal à faire fondre et qui permet de surveiller le déroulement des opérations tout en brassant l'ensemble avec une perche et en ajoutant de la poudre de borax en guise de désoxydant.

Châssis prêts pour la fonte ; ils seront ensuite dressés verticalement

La coulée

Le bronze fond à environ 1 100 °C, mais la température doit être poussée jusqu'à 1 300 °C afin de compenser la perte de chaleur qui se produit pendant le coulage. Les châssis cuits, une fois sortis du four, sont placés l'un sur l'autre en les serrant soigneusement, puis on pose le bloc ainsi obtenu par terre en orientant les trous de coulée vers le haut. Il n'y a pas lieu de prévoir d'évents supplémentaires car le type de sable adopté garantit une microporosité qui laisse les gaz de fusion s'échapper.
Tout est alors prêt pour le coulage. Après avoir éteint le chalumeau, deux assistants retirent le couvercle et saisissent, à l'aide d'une tenaille à très longs manches, le creuset pour l'extraire du fourneau et l'installer dans la civière. C'est le moment le plus spectaculaire : enveloppés par la fumée, les fondeurs transvasent l'alliage liquide, qui revêt une couleur rouge doré aux reflets bleuâtres changeants, en remplissant un châssis après l'autre d'un mince filet incandescent et en veillant à ce qu'il ne déborde jamais.
Au terme de la coulée, le métal a déjà commencé à prendre à l'intérieur des moules en acquérant un ton brunâtre caractéristique : cela indique que les moules peuvent être ouverts. Avec un ciseau à bois, on décolle les objets du lit de sable et on les range les uns à côté des autres pour l'opération ultérieure de brossage et d'ébarbage.
Quand l'alliage est propre et de bonne qualité, le métal à peine solidifié apparaît déjà dans sa coloration naturelle, sans marques d'oxydation.
Si l'on compare les deux méthodes, on arrive à la conclusion que la fonte à cire perdue est nettement plus fidèle et plus détaillée, mais également plus sensible aux porosités susceptibles de se créer dans le métal fondu (nous avons vu que le poids et les dimensions devaient faire l'objet d'un contrôle très strict) ; enfin, dernier détail à ne pas négliger, l'original modelé en cire est définitivement perdu. Avec le procédé de la fonte au sable, le niveau des détails s'avère un peu moins poussé mais les coulées sont saines, le poids et les dimensions n'exercent qu'une faible influence et, surtout, l'original est conservé.

Sculpter la pierre

La sculpture sur pierre a malheureusement elle aussi donné lieu à beaucoup trop de littérature, en finissant par représenter une sorte d'aboutissement du travail du sculpteur, de diplôme, de licence indissociable d'un halo de légendes et d'anecdotes formé au fur et à mesure. Fidèle au principe de ce livre, je pense qu'il n'existe pas de genre ou de matériau privilégié : il y a toujours un moyen de s'exprimer artistiquement, que ce soit avec du bois, du marbre, du métal ou du plastique. La facilité avec laquelle certaines roches, comme par exemple, le marbre statuaire blanc de Carrare, la pierre de Vicence, le marbre rose du Portugal ou l'albâtre, se prêtent à la taille constitue une surprise agréable et inattendue. La légende du « terrible » marbre ayant ainsi, du moins je l'espère, perdu un peu de sa vigueur, il ne reste plus qu'à se mettre à l'ouvrage en testant les diverses possibilités de cette matière.

Les roches

Les roches couramment utilisées par l'homme se répartissent en trois grandes catégories.

Roches ignées ou endogènes

Il s'agit soit de *granites*, soit de *porphyres*, des roches très dures, compactes, extrêmement résistantes aux contraintes mécaniques et aux intempéries mais, comme toutes les pierres, d'une souplesse réduite. Caractérisées par un aspect granuleux, finement parsemées de particules de spath et de cristal, elles revêtent diverses couleurs, permettent un niveau de détail très poussé et se polissent parfaitement.
Difficiles à tailler en raison de leur dureté exceptionnelle, elles requièrent l'emploi d'outils spéciaux refroidis à l'eau.

Roches sédimentaires

Cette catégorie regroupe les *grès*, les *calcaires* et les *travertins* :
– le grès renferme une quantité variable de quartz : un faible ou un trop fort pourcentage de quartz donne un grès respectivement fragile et qui s'émiette facilement, ou bien au contraire dur et difficile à travailler. Les couleurs, qui dépendent de la qualité du sable et des substances de cimentation, vont du gris au verdâtre

G. Manzù.
Grand Groupe des Amants *(1974)*
Marbre de Carrare
Bergame

en passant par le brun et le jaune. La plupart des variétés de grès sont très poreuses, se polissent mais de manière imparfaite et certaines ne résistent pas vraiment à une exposition en plein air ;
– le calcaire, composé essentiellement de carbonate de calcium, se caractérise lui aussi par une dureté et une coloration extrêmement variables ; le calcaire de Caen, originaire de la région du même nom et doté d'une structure compacte, se prête assez bien à la sculpture ;
– le travertin, que l'on reconnaît à son aspect spongieux, revêt une couleur rougeâtre lorsqu'il contient de l'oxyde de fer, et blanc jaunâtre dans les autres cas ; il s'agit d'un bon matériau pour la sculpture, relativement tendre et compact, qui se taille aisément mais qui ne permet pas toujours un fini et un poli impeccables ; le travertin est en outre sensible aux intempéries.

Roches métamorphiques

Les *marbres* et les *ardoises* appartiennent à cette catégorie.
Même si les sculptures en ardoise, facile à travailler, susceptible d'un très beau poli et résistante en plein air, ne manquent pas, le marbre demeure la matière préférée du sculpteur. Il existe d'innombrables variétés colorées et veinées de marbres qui répondent aisément au ciseau, permettent un niveau de détail très poussé et autorisent un fini et un poli parfaits. Le marbre le plus utilisé reste le Carrare, de préférence presque sans la moindre veine, à savoir la variété blanc absolu ou blanc statuaire.
Suffisamment tendre pour se tailler sans problème à la main, ce matériau revêt un grain fin, blanc et compact ; poli, il dégage une luminosité chaude et profonde, quasiment vivante, grâce à sa structure cristalline ; par ailleurs, il résiste bien à l'extérieur, même si la qualité de l'air citadin et la concentration d'oxydes et d'anhydrides l'altèrent considérablement.
Pour choisir un bloc, la meilleure solution consiste à se rendre dans une carrière ou

M. A. De Poi
Colombe *(1991)*
Marbre blanc de Carrare

un atelier de sculpture s'approvisionnant directement à la source. Les vieilles pierres, laissées des années en plein air, présentent souvent une croûte plus dure qui complique la tâche. Il convient de s'exercer sur de petits blocs, des chutes de plus grandes pierres équarries ou des éclats de taille moyenne : bon nombre de ces fragments renferment des imperfections, des fêlures ou des strates plus tendres et peu compactes que l'on ne repère pas toujours aisément ; le bloc apparemment le plus parfait peut être défectueux à l'intérieur. On apprécie la qualité d'une roche en la frappant en différents points de sa surface avec une masse en acier : quand le bloc est de bonne qualité, il rend un son clair et cristallin ; si en revanche le son est assourdi, il est fort probable que la pièce abrite un défaut. Les pierres de carrière sont toujours brutes, sales, recouvertes de terre et de poussière : leur aspect s'avère très éloigné de celui qu'elles revêtiront au terme du processus de finition et de polissage, mais après les avoir brossées, il suffit de mouiller leur surface avec de l'eau pour voir apparaître clairement leur couleur et leur réseau de veines. Enfin, ne négligez pas le problème du poids et ne vous fiez pas à la facilité avec laquelle les ouvriers des carrières déplacent de gros blocs en s'aidant simplement d'une barre de fer : il faut vraiment savoir s'y prendre.

Sculpter le marbre

Fournir ne serait-ce que des indications superficielles sur la façon de sculpter les innombrables types de pierre suffirait à remplir des dizaines de livres. Je me contenterai donc de parler ici brièvement d'un matériau hyperclassique et connu : le marbre blanc de Carrare.
Les carrières ne donnent bien entendu pas toutes une roche identique : il existe en effet différents filons et ce terme désigne une région des Alpes Apuanes située tout autour de la petite ville de Carrare, dans la province de Massa, où ce marbre est ex-

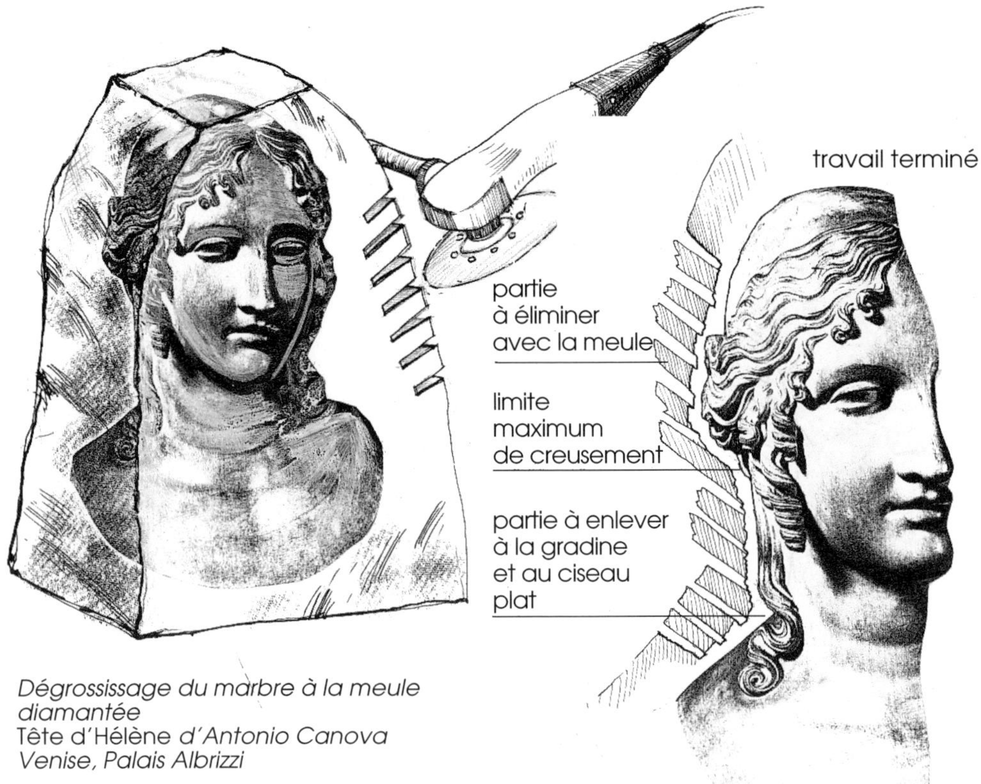

Dégrossissage du marbre à la meule diamantée
Tête d'Hélène *d'Antonio Canova*
Venise, Palais Albrizzi

trait depuis au moins deux mille ans. Mieux vaut tailler le marbre en plein air, du moins en ce qui concerne l'épannelage, car cette opération dégage une énorme quantité de poussière. On place le bloc sélectionné sur un grand établi en bois et on commence par marquer les points de repère. À ce propos, je n'ai jamais vu personne se livrer à une esquisse détaillée, comme dans le cas du bois : on se contente en général d'un vague griffonnage pour savoir où tailler, et c'est à partir de ce moment que l'on se rend compte de la particularité de cette entreprise.
Le bloc, aussi petit soit-il, pèse de toute façon plusieurs kilos et n'a donc besoin d'aucun étau pour demeurer immobile. Il arrive même que l'on ait du mal à le bouger et qu'il faille le dégrossir, en enlevant déjà une bonne quantité de matière, avant de pouvoir le déplacer.
On se sert normalement d'une meule diamantée montée sur une *meuleuse* professionnelle : l'outil se tient fermement à deux mains et permet d'amorcer la phase de dégrossissage en l'enfonçant à fond dans le bloc et à sec, sans la moindre lubrification ; les meules mesurant une vingtaine de centimètres de diamètre, l'encoche réalisée atteint au maximum une dizaine de centimètres de large ; on pratique ainsi tous les 4 à 5 cm une série de rainures aussi profondes que nécessaire. Avec un ciseau très large et plat, on attaque ensuite la première entaille qui se détache en entier sans problème près du point le plus profond du sillon, et on renouvelle l'opération pour les tranchées suivantes. Cette méthode permet de progresser rapidement, en éliminant une grande quantité de matériau et en pénétrant dans le marbre avec une facilité extrême, voire exagérée si l'on en croit ceux qui préfèrent une approche plus réfléchie

de la sculpture et qui choisissent de travailler presque uniquement à la main. Avec une meule, en effet, la réalisation d'une forme quelle qu'elle soit ne prend que quelques heures, et ce même pour quelqu'un peu habitué à façonner le marbre.

L'autre technique d'ébauchage, infiniment plus laborieuse, consiste à employer une masse en acier (dont le poids, qui dépend de la sensibilité et de la force de son utilisateur, oscille entre quelques centaines de grammes et plusieurs kilos) avec laquelle on percute une *pointe*, à savoir une tige d'acier terminée par une pointe pyramidale caractéristique, le seul outil dont on disposait avant l'invention de la meule : malgré l'effort à fournir, cet instrument s'avère plus utile qu'il n'y paraît à première vue. Le coup doit être appliqué franchement, sans fougue excessive sous peine de se fatiguer rapidement, en tenant la pointe le plus à angle droit possible de la surface à épanneler : l'extrémité pointue pénètre dans la matière et, compte tenu de la structure spécifique du marbre, fendille également les couches sous-jacentes sur quelques centimètres de profondeur en provoquant ainsi le détachement de gros éclats à chaque percussion de la masse.

Il suffit d'un peu d'expérience pour opérer de manière efficace. Le blanc de Carrare se taille bien, n'est finalement pas si dur que cela, et le travail à la main permet justement de comprendre à fond le bloc que l'on a devant soi, de déceler les parties les plus consistantes, le parcours des veines, les zones les plus fragiles et celles susceptibles de renfermer des défauts : l'approche est en somme différente.

La phase d'ébauchage à la pointe ou à la meule une fois terminée, on passe au façonnage à la *gradine*. Il s'agit d'une tige d'acier dont l'une des extrémités est munie de dents aplaties ou pointues qui marquent la pierre de stries parallèles et lui confèrent un aspect hachuré.

Avec les gradines on obtient directement une surface abrasée, en utilisant tout

La pointe est maintenue perpendiculairement au marbre

Travail à la gradine

Effet de gradinage sur un drapé en cours de réalisation

d'abord celles à dents espacées, et ensuite celles à dents plus rapprochées. Cet instrument se tient obliquement par rapport à la pierre, en creusant celle-ci de sillons parallèles, puis croisés qui forment ainsi une sorte de filet à trame très fine.

C'est à ce moment que l'on peut approcher encore davantage la forme grâce à la *boucharde*, une masse dont les deux têtes à section carrée sont dotées de pointes serrées les unes contre les autres et qui sert à ôter de minces couches de pierre et à aplanir la surface en lui donnant un aspect rugueux. Certaines sculptures, que l'on ne veut pas polir, peuvent être laissées entièrement ou partiellement brutes et montrer les marques de la finition à la boucharde. Lorsqu'il s'agit de graver des détails, on a recours à un *ciseau plat*, une tige d'acier dont l'extrémité aplatie à double biseau revêt des formes diverses.

Avant d'aborder la phase finale, on efface éventuellement les traces de gradine ou de boucharde avec un ciseau très large qui permet d'égaliser sommairement le travail. La poussière et les particules accumulées au cours des opérations doivent être souvent éliminées à l'aide d'une brosse ou d'un jet d'air comprimé.

Les outils du sculpteur sur marbre

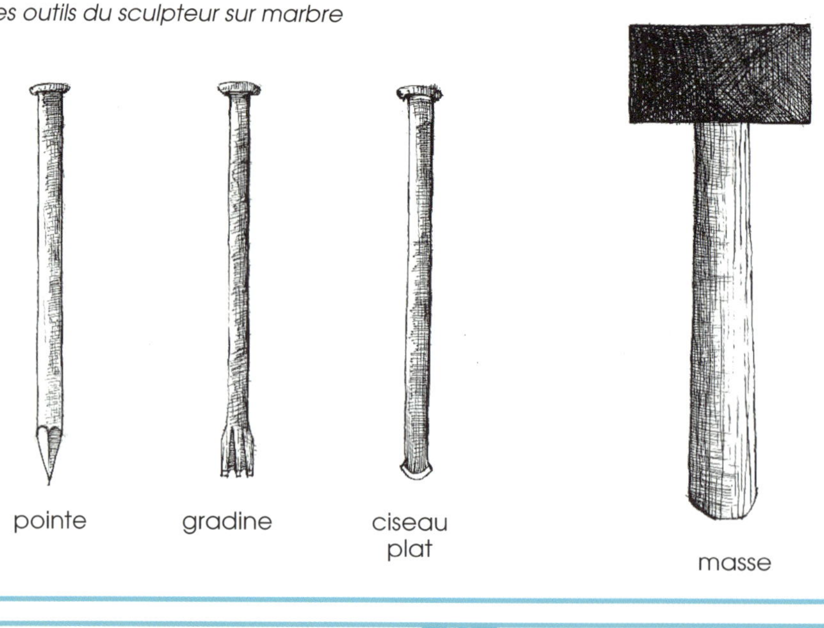

Groupe et gros plan (à droite) de l'ange illustré en haut à gauche. Les visages ont été ébauchés et les plans fondamentaux définis à l'aide d'une gradine et d'une pointe. Les détails seront ensuite exécutés au ciseau plat. Don M. Melzi. École Beato Angelico de San Piergiuliano Eymard (1995)

La sculpture sur marbre nécessite en fait un nombre vraiment réduit d'outils fabriqués dans un acier de qualité et qu'il suffit de remodeler à la meule quand les intenses contraintes auxquelles ils sont soumis altèrent l'efficacité de leur tranchant, mais qui n'atteindront jamais le degré d'affûtage type bistouri des ciseaux à bois.
Même ceux qui choisissent de travailler à la main se servent parfois, pour certaines opérations bien précises, d'appareils pneumatiques qui sont indubitablement faciles et pratiques à utiliser, et qui permettent en outre de gagner un temps inestimable au niveau des délais d'exécution.
Il existe un grand nombre de modèles de marteau à air comprimé : le sculpteur veillera à s'équiper d'un gros marteau lourd, pour le dégrossissage ou le façonnage à la gradine, et d'un marteau plus léger sur lequel il montera les ciseaux destinés aux interventions plus fines. Le fonctionnement est semblable à celui, déjà décrit, du ciseau à bois pneumatique, à la différence près que le corps cylindrique renferme uniquement le système de percussion et qu'il convient de huiler l'instrument avec le lubrifiant minéral approprié. Les outils, interchangeables, s'adaptent sur l'appareil et se guident manuellement ; ils ne possèdent pas de soie, à l'inverse des ciseaux à bois, et sont par conséquent directement frappés par le piston. On les reconnaît à leur tige légèrement fuselée. Les instruments adoptés pour travailler la pierre peuvent aussi servir à sculpter des matériaux moins traditionnels comme par exemple des blocs de ciment cellulaire, de béton, de brique ou de plâtre. Ces derniers ne permettent pas d'obtenir des résultats très minutieux et n'autorisent aucun polissage, mais remplacent parfois à merveille des matières plus nobles vu la facilité avec laquelle on se les procure et leur faible coût.

Les finitions

La finition du bois

Reprenons là où nous nous étions arrêtés dans la taille du bois, à savoir au dernier coup de gouge.
La sculpture est enfin terminée et l'on peut se consacrer à sa finition. C'est dans un certain sens à ce moment précis que les problèmes commencent à se poser : quelle « peau » allez-vous donner à votre forme, quelles caractéristiques du matériau faut-il accentuer ou, au contraire, dissimuler au moyen de patines, de vernis ou de peintures ?
On ne saurait bien entendu répondre de manière univoque à cette question.
Le lustrage à la cire, ou ciré patiné, représente le traitement minimum envisageable.
Quand on veut souligner l'aspect rugueux des traces de gouge, il convient de les reprendre une à une avec un outil au tranchant irréprochable, en opérant à petits coups secs, nets et sans bavure. Avec en revanche des sculptures soigneusement lissées, passez légèrement sur la surface un papier abrasif égal ou supérieur au n° 180 : le bois se polit avec des papiers d'autant plus fins qu'il est dur. Lorsque l'essence se révèle facilement piquée par les vers, il convient de badigeonner généreusement l'ouvrage achevé avec un produit insecticide du type *Xylophène*, en le faisant bien pénétrer surtout dans les fentes ou les creux éventuels ; il s'agit en général de substances entièrement transparentes qui sèchent lentement (compter au moins plusieurs jours) et qui, une fois sèches, forment une belle pellicule douce et satinée. L'heure est alors venue d'étaler le fond au pinceau ou au tampon en utilisant, au choix, de la gomme laque ou un vernis synthétique transparent, l'essentiel étant de boucher les pores du bois : vous aurez beau déployer tous vos efforts et des trésors d'application, si les pores ne sont pas parfaitement bouchés par le voile de vernis, vous n'obtiendrez jamais un résultat final correct.
Veillez à effectuer l'ensemble des opérations susmentionnées dans un milieu assez chaud.
Après une première couche très épaisse, on laisse sécher pendant une journée et on ponce délicatement avec un papier abrasif n° 220, juste pour enlever le brillant de la gomme laque ou du vernis : la poussière blanchâtre engendrée par ce travail devra être soigneusement éliminée. Avant de continuer, appréciez la qualité du fond : s'il vous semble in-

suffisant, appliquez une nouvelle couche, plus légère cette fois.
Attendez encore vingt-quatre heures et pour le ponçage, remplacez le papier par de la paille de fer très fine, en n'oubliant jamais de retirer la poussière qui se forme au fur et à mesure.
Vous pouvez enfin passer la *cire à encaustiquer* (voir le chapitre *Recettes*) avec un chiffon propre et en effectuant des mouvements circulaires. Le lendemain, quand l'essence de térébenthine contenue dans la cire se sera évaporée, frottez l'ensemble de la surface avec un chiffon de laine non pelucheux afin d'obtenir le brillant discret et subtil typique de cette finition.
Quelques mois plus tard, si vous souhaitez « rafraîchir » la sculpture, il vous suffira de répéter la phase de cirage. La finition classique à la gomme laque appliquée au tampon constitue une excellente alternative à la méthode que nous venons de décrire et n'est pas une opération très compliquée, mais nécessite cependant d'une certaine sensibilité à ce genre de travail.
Si vous souhaitez réaliser une finition plus personnalisée, vous pouvez opter pour une *aniline colorée.*

Les anilines sont des poudres que l'on détrempe dans de l'eau ou de l'alcool ; on les trouve dans n'importe quelle droguerie pour un prix dérisoire et en une vaste gamme de coloris. Les sachets se délayent dans la quantité de liquide que l'on désire : le ton sera d'autant plus léger que le produit sera dilué. Il est également conseillé d'y ajouter un peu d'*ammoniaque* (alcali) ou d'*acide acétique* afin de renforcer le mordant du produit.
L'alcali doit être concentré ; celui, dilué, en vente dans les supermarchés ne convient donc pas ; achetez-le en pharmacie et prenez garde, au cours de sa manipulation, aux vapeurs mortelles qui s'échapperont du flacon.
On applique ensuite le liquide directement sur le bois brut, au tampon ou au pinceau, la teinte s'accentuant au fil des couches.
On termine par un lustrage à la cire ou à la gomme laque.
Les anilines confèrent une teinte (il ne s'agit pas vraiment d'une coloration dans la mesure où ce terme désigne une solution couvrante) extrêmement proche d'une aquarelle : ainsi les veines ou les détails caractéristiques de l'ouvra-

Finition à la gomme laque.
Matériel nécessaire (de gauche à droite) : poudre de pierre ponce, tampon, huile de lin, gomme laque décirée et fine-orange en paillettes, alcool éthylique à 95° et alcool éthylique dénaturé
Ci-dessous : lattes de hêtre brutes à gauche, et finies à la gomme laque à droite

M. A. De Poi
Condottiere *(1982)*
Bronze et bois ciré patiné

ge ne sont en aucun cas dissimulés, mais sont seulement teintés en transparence.
Toutes les techniques évoquées jusqu'à maintenant visent à conserver l'aspect du bois en laissant transparaître et en soulignant ses particularités. Vous pouvez également emprunter la voie inverse, c'est-à-dire le dissimuler à la vue, le cacher sous des films couvrants, voire le transformer en un autre matériau.
Je pense que l'on peut, à l'heure actuelle, situer l'intérêt de la sculpture peinte à la fois dans l'utilisation de la couleur, qui confère une valeur chromatique à la tridimensionnalité, et dans la gestualité du trait.
Nous avons déjà vu qu'une surface en bois ne pouvait jamais être colorée directement pour des raisons d'inégalité d'absorption.
L'idéal consiste à étaler un fond *plâtre et colle*, en consultant le chapitre consacré aux *Recettes* et en tenant compte des quelques précisions suivantes.
À la différence des autres, cette méthode nécessite une grande quantité d'eau qui s'évapore en partie, le reste étant absorbé par le bois qui se met alors à bouger et à gonfler, surtout dans le cas d'une essence tendre. Il est donc important de prendre toutes les précautions, la meilleure étant de ne passer qu'une couche légère à la fois.
Sur les deux portes du meuble photographié à la page suivante, la tendance à gauchir, par ailleurs ponctuelle, a été contrecarrée grâce à l'assemblage, en haut et en bas de chaque battant, de deux barres de bois dur.
On peut éviter tous ces problèmes ennuyeux en utilisant un apprêt synthétique blanc qu'il convient d'appliquer en deux ou trois couches croisées.
Reste enfin la solution consistant à mélanger au fond, quel qu'il soit, un peu de pigment destiné à le colorer.
Nous entrons dès lors dans le domaine particulier de la peinture : en peignant en jaune sur du bleu, on obtient du vert ; avec du rouge et du vert, on passe dans la catégorie des couleurs complémentaires, etc.
On peut aussi créer un effet singulier en collant des bandes de tissu léger ou de gaze directement sur le bois brut, en le doublant comme s'il s'agissait d'une toile à peindre et en y étalant ensuite l'enduit de son choix.
Après toutes ces opérations, la pièce donne l'impression d'avoir été plongée dans de la glace et revêt un aspect plâtreux blanc (ou coloré) : une légère abrasion des aspérités suffit alors pour obtenir le fameux fond *façon ivoire* et la phase d'application de l'apprêt couvrant peut être considérée comme terminée. En continuant à poncer avec insistance sur les arêtes et le bord des coups de gouge, le bois sous-jacent finira par refaire surface comme un matériau vieux et usé. Il est possible d'accentuer cet effet par une coloration irrégulière de la surface que l'on frotte avec le papier abrasif pour mettre nettement les veines en relief, comme illustré sur la photo de la page 82.
La sculpture, soigneusement nettoyée, est maintenant prête à recevoir la couleur que l'on applique, au choix, au couteau, au pinceau ou au tampon, en lui donnant plus ou moins de corps et d'épaisseur, ou bien en la maintenant au contraire très diluée, transparente, afin de laisser entrevoir le fond.
Les couleurs se préparent notamment avec de la colle et des pigments, même s'il est plus pratique d'employer des tubes de gouache, de bonne qualité naturellement. Si vous utilisez des couleurs à l'huile, n'oubliez pas d'enduire au préalable la surface d'huile de lin qui, après avoir bien pénétré et séché, isolera le plâtre autrement trop absorbant. Ces substances déposent un film brillant et élastique et ne nécessitent aucun type de

Détail d'une finition sur bois avec mordançage

Deux finitions différentes : à gauche, patine plâtre et colle peinte à la détrempe et finie à la gomme laque ; à droite, peinture satinée industrielle

finition supplémentaire. Les détrempes, plus délicates, restent mates et supposent un traitement final à la cire ou à la gomme laque.

La finition des métaux

Il convient de faire une distinction entre le fer et les métaux dits « non ferreux », qui regroupent des alliages comme le bronze et le laiton, car il est possible de soumettre les tôles à plusieurs traitements : à des techniques de galvanisation comme le chromage ou la dorure, à des finitions brillantes ou mates, avec des oxydes et des produits chimiques.

Parmi toutes ces possibilités, il en existe une classique dite *à l'ancienne*, car son vieillissement ne fait qu'accroître sa valeur esthétique.

Nous allons étudier en images les différentes étapes de sa réalisation jusqu'au résultat final sur une sculpture coulée en laiton selon la méthode de la fonte à cire perdue. À sa sortie du cylindre l'ouvrage revêt un bel aspect, avec un matériau de couleur vive et non oxydé. Dégagée du réseau de jets qui l'entoure, la pièce est prête pour le ponçage que l'on effectue avec des limes à taille douce, des meules et des toiles abrasives de plus en plus fines. L'opération a pour but de supprimer au maximum les bavures, rayures et autres griffures.

La finition se déroule en deux phases :

M. A. De Poi
Turin *(1995)*
Armoire dont les deux portes ont été sculptées dans le bois massif puis patinées

La sculpture dégagée du réseau de jets

Le travail à l'établi commence avec, tout d'abord, une lime aiguille (ci-dessous à gauche), puis un morceau de toile abrasive enroulée autour d'une lime (ci-dessous à droite)

– on efface évidemment les traces du ponçage au moyen d'une rondelle polisseuse montée sur une machine électrique dont le moteur tourne aux alentours de 3 000 tours/minute. Les brosses revêtent diverses formes et dimensions pour pouvoir atteindre les endroits les plus difficiles d'accès, et s'utilisent avec une pâte à polir couleur moutarde dont la partie grasse fond par frottement en adhérant aux poils. On approche la pièce de la rondelle et, en exerçant une pression adéquate, on la polit sous toutes ses faces en renouvelant souvent les applications de pâte. À la fin, le gras s'enlève avec de l'eau chaude additionnée d'une substance détergente ordinaire, en frottant avec une brosse à ongles souple ;

– pour faire reluire, il faut tout d'abord remplacer la brosse par une rondelle en tissu doux (coton) et employer cette dernière avec du *rouge à polir*, une pâte beaucoup moins grasse que la précédente. Le brillant apparaît dès les premières passes et s'accentue au fur et à mesure des applications de rouge. On termine là aussi par un dégraissage léger car cette pâte laisse un dépôt qui ternit quelque peu la surface néanmoins extrêmement luisante. On s'est servi ici d'une machine à ultrasons car la sculpture, de taille réduite, pouvait s'y loger sans problème. Les ultrasons transmettent aux objets plongés dans l'eau des vibrations rapides provoquant le détachement des particules qui adhèrent à leur surface et

Rondelle polisseuse en coton et rouge à polir. L'objet brille déjà

Phase de dégraissage dans l'eau chaude de la machine à ultrasons

qui demeurent en suspension, même quand le liquide est déjà très sale.
Pour donner un poli maximum au métal, on peut recourir à un *brunissoir en pierre*. Cet outil se compose d'un manche en bois à l'extrémité duquel est fixé un morceau d'agate noire que l'on frotte sur la partie dont on veut raviver l'éclat ; il s'agit d'un procédé long qui requiert un certain entraînement et se limite par conséquent à des interventions très spécifiques, mais qui permet d'obtenir d'excellents résultats.
La sculpture bénéficie ainsi d'un traitement digne d'un orfèvre, très semblable à celui réservé d'ordinaire aux bijoux.

La finition du marbre

Après les pointes, les gradines et autres ciseaux vient le moment d'utiliser les limes, en commençant toujours par celle à taille la plus bâtarde.
L'objectif consiste à effacer chacune des marques laissées par les précédents outils, en égalisant soigneusement la surface du marbre. On peut aussi effectuer ce travail à l'aide d'une petite meuleuse électrique ou du flexible électrique, en choisissant un disque ou du papier abrasif dont le grain se situera entre le n° 40 et 60. Toutes ces opérations s'exécutent à sec et se poursuivent par un lissage à l'eau.
Après s'être procuré chez le marbrier des morceaux de meules émeri (à gros

M.A. De Poi
Prométhée *(1995)*
Tôle d'acier brunie et fonte à cire perdue du laiton

grain et à grain moyen) montées sur les polisseuses de surfaces planes, on remplit un seau d'eau et on y plonge une éponge, puis on se met à poncer de long en large l'ensemble de la sculpture à la main, en la mouillant abondamment et en éliminant souvent le dépôt qui se crée au fur et à mesure. Sous l'action du frottement, la meule s'amincit progressivement et prend, en négatif, la forme de la partie traitée. On voit alors nettement apparaître le jeu des veines. Pour juger du résultat obtenu, il convient de bien laisser sécher le marbre, et de renouveler l'opération seulement aux endroits qui ne donneraient pas une entière satisfaction.

La pièce offre maintenant un beau modelé, toutes les aspérités ont été nivelées mais il faut encore supprimer les traces, innombrables et profondes, du ponçage !

On a pour cela recours à du papier abrasif imperméable, en allant comme d'habitude du plus grossier au plus fin : lisser la surface du marbre mettra vos capacités à rude épreuve car tant que le matériau est humide, tout semble aller pour le mieux, mais dès que certaines zones commencent à sécher, une multitude de marques et de griffures que l'on croyait avoir éliminées resurgissent. Il s'agit dans ce cas de tout reprendre à zéro, en veillant à opérer de manière très systématique, sans jamais sauter la moindre étape, en débutant par les n° 360 à 400 pour finir par le n° 600 ou 800. Le polissage est aujourd'hui le seul travail qui s'accomplisse encore entièrement à la main car les machines ne peuvent s'attaquer qu'à des surfaces planes. La sculpture s'avère alors complètement et parfaitement finie.

En réalité, comme nous l'avons déjà souligné en ce qui concerne la sculpture sur bois, personne d'autre que l'auteur ne décidera quand et comment l'ouvrage doit être terminé : en s'arrêtant après le passage de la gradine ou de la boucharde, en alternant les parties brutes et les zones polies, en faisant briller la surface ou en la laissant mate.

Pour les sculptures exposées à l'extérieur, le traitement décrit plus haut suffit. Quand on veut atteindre en revanche un éclat maximum, en conférant à la pièce un poli « glace », on applique la méthode suivante.

Après la dernière passe de papier abrasif, on attend que la sculpture sèche, on la dépoussière et on la nettoie méticuleusement, puis on la frotte très énergiquement avec un morceau de toile de jute humide et une poudre blanche semblable au sel. Cette poudre est en réalité de l'*acide oxalique* qui a la propriété de donner un magnifique poli au marbre. Lorsque l'ensemble de la surface revêt le luisant voulu, on termine en l'enduisant de *cire à marbre*, un produit spécial à base de silicone, et en faisant briller avec un chiffon.

Argile

L'*argile commune* contient de nombreuses impuretés ; elle est de couleur gris clair et devient rougeâtre après la cuisson en raison de la présence d'oxyde de fer.
Le *kaolin* est une substance très pure de couleur blanchâtre aussi bien avant qu'après la cuisson et sert à confectionner des porcelaines de qualité.
Le *grès* est une variété spécifique d'argile réfractaire qui se montre par conséquent très résistante aux températures élevées et qui, mélangée à certaines substances, cuit plus facilement en durcissant, en acquérant une couleur brunâtre et une surface partiellement vitrifiée et imperméable.
Les argiles imbibées d'eau deviennent plastiques, durcissent en séchant et conservent la forme qui leur a été donnée ; il suffit cependant de mouiller de nouveau l'objet pour revenir au stade plastique.
L'extraordinaire plasticité de ce matériau est due au fait qu'il se compose de très fines particules de *kaolinite* qui ont la propriété de glisser les unes sur les autres en s'entourant d'un manchon de molécules d'eau, puis de se fixer dès que le séchage commence. Cette particularité disparaît et le processus devient irréversible quand l'objet, façonné et séché, est cuit à haute température et se transforme en une masse poreuse de consistance pierreuse appelée terre cuite, céramique, biscuit ou faïence.

Barbotine

Il s'agit simplement d'argile à l'état liquide. On concasse le produit sec le plus finement possible dans un grand récipient de verre à fermeture hermétique ; on verse de l'eau en mélangeant bien jusqu'à obtention d'une pâte à consistance crémeuse et on laisse reposer une nuit entière. L'eau dissoudra complètement même les plus gros grumeaux et pourra être rajoutée au cas où la préparation s'avérerait trop dure. La barbotine a tendance à retomber dans le fond du récipient tandis que l'eau reste en surface : il faut donc toujours brasser énergiquement la composition.
Outre son emploi durant les phases de modelage, où il est pratique d'en avoir en permanence une petite quantité de prête, la barbotine se coule dans n'importe quel type de moule.

Cire à encaustiquer

La substance de départ est la *cire d'abeille vierge* blanche, à savoir puri-

fiée, mais celle ordinaire de couleur jaune convient également.
On fait fondre au bain-marie dix parts de cire et huit parts d'*essence de térébenthine rectifiée*, en ajoutant un peu d'*huile de lin crue*. On peut utiliser pour cette préparation un bidon parfaitement propre (comme par exemple un pot de peinture d'un demi ou d'un kilogramme) dans lequel on laisse la cire refroidir : de consistance molle et pâteuse, elle devra pouvoir s'étaler avec un pinceau large et souple ou bien avec un tissu de laine ou de coton non pelucheux. Il convient ensuite d'attendre au moins une journée, de manière que la térébenthine s'évapore entièrement, avant de faire briller vigoureusement à l'aide d'un chiffon.
On renouvelle de temps en temps les applications qui ne modifient absolument pas la couleur originelle du matériau sous-jacent dans la mesure où il s'agit d'une composition neutre.
Dans le cas d'un bois parcouru de nombreuses veines, la cire sert à mettre ces dernières en relief et à conférer davantage d'éclat sans changer la teinte.
Pour colorer la cire, il suffit d'additionner le mélange chaud d'une pincée d'aniline liposoluble. De la bonne cire solide à parquet ou du cirage à chaussures, incolore ou non, remplacent à merveille la préparation mentionnée plus haut.

Cire à modeler

Ce type de cire se modèle très bien directement à la main, avec des ébauchoirs en bois dur, comme le buis par exemple, ou des spatules métalliques chauffées à la flamme d'un bec Bunsen. On peut noyer entièrement la forme obtenue dans un moule de potée (cristobalite) pour réaliser une fonte à cire perdue, car cette substance brûle sans laisser le moindre résidu.
On la prépare avec dix parts de *cire d'abeille vierge* jaune que l'on fait fondre au bain-marie avec une part de *colophane* (également appelée *arcanson*) et une part d'*essence de térébenthine rectifiée*. On mélange soigneusement en ajoutant un peu d'*huile de lin cuite* et une pincée d'*aniline rouge* soluble dans les graisses pour colorer la pâte. On verse la cire sur une plaque de marbre ou de métal légèrement huilée au préalable de façon à obtenir des feuilles de quelques millimètres d'épaisseur qu'il conviendra de malaxer avant de les utiliser.
La cire doit impérativement être douée de plasticité, sans toutefois coller aux ébauchoirs.
Il faut prévoir deux variétés de cette cire : une d'*été*, et une d'*hiver* ; cette dernière s'obtient en faisant à nouveau fondre la composition de départ et en ajoutant progressivement de petites quantités d'essence de térébenthine afin de la rendre plastique à une température ambiante plus basse, et donc modelable même pendant la saison froide.
On trouve aussi dans le commerce une cire de couleur vert plus ou moins vif, assez cassante et peu modelable, mais qui se coule ou s'injecte parfaitement dans des moules.
Tous les types de cire se mêlent ou se superposent sans problème : on peut par exemple façonner de la cire à modeler sur un noyau de cire végétale.

Plâtre et colle

Ce mélange s'utilise comme fond, avant l'application de peintures à l'eau ou à l'huile. Autrefois, tous les tableaux sur bois ou sur toile et toutes les sculptures en bois peintes recevaient une couche de cet *apprêt*. Les formules variaient selon les régions et les ateliers, mais prévoyaient automatiquement l'usage de colle animale ou végétale et de plâtre. Aujourd'hui, les colles se préparent à froid ou à chaud

(bain-marie exclusivement), avec des matières premières ou des produits prêts à l'emploi que l'on se procure dans toutes les bonnes drogueries. Elles conviennent parfaitement à l'ensemble des travaux de menuiserie et de sculpture sur bois.
Il convient de préparer seulement la quantité nécessaire, en ajoutant du *blanc d'Espagne*, ou *blanc de Meudon*. À la différence du plâtre à mouler (sulfate de calcium hydraté), il s'agit de carbonate de calcium naturel dont on peut ralentir considérablement le temps de prise moyennant l'addition de colle.
On verse le plâtre en pluie et on allonge avec de l'eau ; on chauffe simultanément au bain-marie les colles qui le requièrent, en remuant continuellement pour éviter la formation de grumeaux. Le but est d'obtenir une sorte de peinture que l'on rend plus ou moins fluide en ajoutant un peu d'eau. On peut soit employer une même quantité de plâtre et de colle (cinq parts chacun), soit augmenter ou réduire nettement la proportion de l'un ou de l'autre (avec plus de colle, la composition durcira davantage en séchant). Avec une brosse plate et souple, on étale la première couche directement sur le bois et on laisse reposer un peu avant d'appliquer en croisant la deuxième couche ; on continue ainsi en superposant plusieurs couches croisées.
Avant de commencer à peindre, on ponce avec du papier abrasif à grain fin et on élimine la poussière engendrée par cette opération qui se solde par une surface « façon ivoire ». Ce fond constitue une base idéale pour les détrempes ou les peintures acryliques ; pour les couleurs à l'huile, on prendra soin d'enduire la surface d'huile de lin cuite passée au tampon afin de la rendre moins absorbante.
Un moyen beaucoup plus rapide consiste à appliquer, toujours directement sur le bois, deux couches de plâtre qui, une fois sèches, seront elles aussi minutieusement poncées avant de poursuivre le travail de finition.

La sculpture en France

Rien ne vaut la fréquentation quotidienne des œuvres d'art pour ceux qui désirent s'initier ou pratiquer une technique artistique quelle qu'elle soit. La France permet cette familiarité avec la sculpture : pas une ville, pas un village qui n'ait une place, un square ou un parc agrémenté de statues, un monument aux morts, une église... Si la région parisienne offre à elle seule un panorama complet de la sculpture française, il est possible, partout en France, de voir des sculptures, de les étudier, de les comprendre et de pratiquer cet art au sein des écoles régionales des beaux-arts. Il est difficile, dans le cadre de cet ouvrage, de faire un tableau complet de la sculpture française, tant est riche le patrimoine sculpté de ce pays : sculpture religieuse, sculpture funéraire, sculpture commémorative, sculpture décorative, longtemps la sculpture a rempli une fonction précise et souvent politique. Jusqu'à récemment elle faisait partie d'un cadre architectural qu'elle avait pour mission d'animer. Encore aujourd'hui il est difficile de l'en abstraire, même si nous ne percevons plus sa fonction. Pour donner une idée de cette richesse nous avons choisi de nous placer d'un point de vue strictement chronologique :

• Sculpture archéologique : musée archéologique, 21400-Châtillon-sur-Seine (trésor de Vix) ; musée historique et archéologique de l'Orléanais, 45000-Orléans (trésor de Neuvy-en-Sullias) ; musée des Antiquités nationales, 78100- Saint-Germain-en-Laye ; musée lapidaire d'Art chrétien, 13200-Arles (sarcophages provenant de nécropoles paléochrétiennes du sud de la France)...

• Sculpture romane : il s'agit essentiellement d'une sculpture religieuse qui orne les tympans (Arles-sur-Tech, Notre-Dame-la-Grande de Poitiers, Sainte-Foy de Conques, église de la Madeleine à Vézelay) et les chapiteaux (porche de Saint-Benoît-sur-Loire, cathédrale Saint-Lazare à Autun)...

• Sculpture gothique : c'est encore une sculpture d'inspiration religieuse que l'on trouve aux portails de toutes les grandes cathédrales françaises du Nord et principalement à Chartres (Portail royal), Sens, Laon, Notre-Dame-de-Paris, Amiens, Strasbourg... Mais on assiste aussi au développement d'une sculpture moins monumentale, dégagée de l'architecture : tombeaux (basilique de Saint-Denis), retables (Paris, musée du Louvre, département des objets d'art ; musée de l'hôtel de Cluny)...

• La sculpture de la Renaissance se dégage de l'influence religieuse, acquiert une fonction de plus en plus décorative, mais elle est toujours tributaire de l'architecture. Elle culmine dans le décor que Jean Goujon conçoit pour le Louvre. Le musée d'Écouen, dans le Val d'Oise, s'est donné pour mission de rassembler tous les objets qui ont marqué cette période.

• C'est aux XVIIe et XVIIIe siècles que la sculpture décorative et monumentale atteint son apogée avec la réalisation du château et du parc de Versailles qui vont servir de modèles à toute la France et à l'Europe. La sculpture commémorative, elle, enrichit les villes de statues à la gloire de la royauté. On assiste au triomphe de l'art classique français avec les sculpteurs Girardon, Coysevox, Marsy, Puget, Bouchardon, J.-B. Lemoyne...

• David d'Angers (1788-1856), Barye (1796-1875), Carpeaux (1827-1875), Bartholdi (1834-1904) restent dans la tradition classique même s'ils tentent d'imposer une conception plus naturaliste de la sculpture. Mais c'est Rodin qui domine le XIXe siècle et ses œuvres (marbres, pierres, bronzes, plâtres, cires, terres cuites) réunies au musée de la rue de Varenne, à Paris, offrent un éventail complet de toutes les techniques utilisées en sculpture.

• Le XXe siècle signe l'abandon total de la notion de sculpture comme œuvre d'accompagnement de l'architecture. La sculpture devient autonome. Si Maillol œuvre encore de façon classique, utilisant le plâtre, le marbre, le bronze dans un mouvement équilibré, Duchamp, Brancusi, Giacometti, Picasso élaborent de nouvelles tendances, utilisent de nouveaux matériaux, procèdent à des assemblages véritablement inédits et ouvrent la voie à la sculpture contemporaine et à un foisonnement de tendances qui échappent à toute classification. Les musées d'art moderne parisiens et provinciaux (le musée d'Art moderne de Strasbourg, par exemple) offrent de bons exemples du travail des sculpteurs contemporains.

Notre panorama ne serait pas complet si nous n'évoquions que la sculpture officielle, reconnue, cataloguée. Il existe, en effet, des objets plus modestes, qui n'avaient que la prétention d'embellir un quotidien difficile. Ils étaient souvent taillés dans le bois, matériau bon marché, à la mauvaise saison. Ces objets, innombrables et qui peut-être parlent plus au sculpteur amateur, sont réunis dans des musées locaux – le prototype pourrait être le Musée Dauphinois de Grenoble, dans l'Isère – et au musée des Arts et Traditions populaires, à Paris.

Table des matières

Achevé d'imprimer
en avril 1998
à Milan, Italie, sur les presses
de Grafiche Mazzucchelli S.p.A.

Dépôt légal : avril 1998
Numéro d'éditeur : 5393